卒業論文・修士論文
作成の要点整理
実践マニュアル

滝川好夫［著］

税務経理協会

はしがき

【卒業論文・修士論文作成の心得】

　『論語』に「学んで思わざれば罔（くら）し，思うて学ばざれば殆（あやう）し」という言葉が出て来ますが，卒論・修論を学業の集大成として作成するねらいは，まさにこの孔子の言葉にあるように思えます。貝塚茂樹『論語』には，この孔子の言葉は「先生について書物を習っているだけで，自分で意味を考えてみないと，ぼんやりとして，とりとめがなくなる。また，自分で考えていただけで先生について書物を習わないと，疑いばかり多くなるものだよ」と解釈されていますが，これはまさに卒論・修論作成の心得を示しているように思えます。

【卒業論文・修士論文の具体的な作成マニュアル】

　2004年10月に拙著『アピールできる　レポート／論文はこう書く－レポートから学術論文まで－』（税務経理協会）を刊行し，好評により増刷を重ね，2011年11月に題名を変更したうえでの改訂版『学生・院生のための　レポート・論文の作成マニュアル』（税務経理協会）を刊行しました。両著はいくつかの大学の新入生のための必読本として推薦され，また筆者は「両著がたいへん分かりやすい内容である」として教育関係の財団法人からヒアリングを受けたことがあります。

　両著は読者から非常に高い評価を受け，たいへん有り難いことで

あると思っていますが，私のゼミ生（学部生，大学院生）の卒論・修論の作成過程を見ていると，両著は論文作成の一般理論の粋を出ていないと思うようになりました。

　もっと手取り足取り，丁寧に説明しないと，卒論・修論をスピーディーに書けないことがわかってきました。そこで，ゼミ生指導のために，卒論・修論の具体的な作成マニュアルを書かねばならないと決意し，書き上げたのが本書です。

【卒業論文・修士論文をスピーディーに書く】

　私はたくさんの本を書いているので，同僚からは驚きの眼で「たいへん筆が速い」と言われています。しかし，私に言わせれば，それは本，論文を効率的に書く術を心得，あとはコツコツ文献を読み，文章を書くことの積み重ねにすぎないと思っています。卒論・修論を書くには「コツコツ文献を読み，書く」ということが不可欠ですが，そこにはいっぱい無駄が生じてきます。「学ぶ」ということには本来，無駄はないはずですが，一定の時間の中で，卒論・修論をスピーディーに書こうとすると，この無駄は省かねばなりません。本書は，いかにすれば無駄なく，卒論・修論をスピーディーに書けるかの秘策をみなさんに説明するために書いたものです。本書は「術」ですので，「優れた論文を書く」ことを保証するものではありませんが，みなさんが締め切り日に「良い論文を提出する」手助けにはなると確信しています。教員の立場からは「良い卒論・修論」を書くには10カ月はかかるであろうと思って，本書では「卒論・修論をスピーディーに書く」と言いながらも10カ月を想定し

ました。「スピーディーに書く」の企図は「無駄を省いて書く」ということであり，読者のみなさんが文字通り，5カ月間でスピーディーに書くということであれば，本書のタイム・スケジュールを5カ月間に短縮すればよいでしょう。税務経理協会の宮田英晶氏には，本書の企図を理解していただき，出版の機会をくださったことを，ここに記して感謝します。

2013年11月
　　　　　　神戸大学大学院経済学研究科教授　滝川好夫

目　次

はしがき

第1部　次の順番で卒論・修論を書く：文献をまとめる形の論文

I　「卒論・修論を書く」のスタート：1つの文献を読んで，テーマと第1次目次を書く ……………4

1　テーマ探し：書きたいものを見つける ………………7
2　テーマ探しと文献探しは同時：文献なしでは論文は書けない …………………………………………………9
3　まず1つの文献を読んで，第1次目次を作る：目次を作れば次に読む文献を探せる ………………………………11
4　目次をＡ4用紙1枚に書き，机の前に貼っておく：ひらめき ……………………………………………………13
5　作業が進んでいくと目次が変わり，修正した目次を貼る：目次修正は成長のあかし ……………………………15

Ⅱ 「卒論・修論を書く」の二合目：文献を読んで，書く……17

6 文献を通学電車の中で半時間読む：文献を読むことから始まる ……18

7 読んだ文献をその日のうちに文章にする：今日読んだ文献は明日には忘れる ……20

8 文献を毎日読み，その日のうちに文章にする：読み慣れ，書き慣れ ……23

Ⅲ 「卒論・修論を書く」の三合目：論文のパーツ作りと第2次目次作成 ……24

9 Ａ4用紙半分程度に，小見出しをつけて文章にする：小見出し ……27

10 再度同じ文献を読むことがないように，1つひとつの文章を完成原稿にする：時間が経過すれば書き上げた文章を忘れてしまう ……29

11 キーペーパーを見つける：「何について書きたいのか，何を明らかにしたいのか」を明確に意識する ……30

12 キーペーパーを完読する：脚注も含めて，すべてを読み，理解する ……31

13 1本のキーペーパーを1つの章のベースにする：キーペーパーなしでは章は書けない ……32

14 3章立てで，合計20本の文献を読むとすれば，そのうち3本がキーペーパー，残り17本が関連文献：第2次目次の作成（3本のキーペーパーで3つの章のタイトルつくり）……………………………………………33

Ⅳ 「卒論・修論を書く」の五合目：さらに文献を読んで，書く …………………… 35

15 全体の3分の1くらいの枚数の原稿を書き上げれば，小見出し付きの目次を作る：完全目次への前進…………38

16 小見出し付きの目次を見て，先行研究のサーベイを再度行う：さらに何を読むかの確認……………………39

17 先行研究文献をキーワードを3つ付けて，刊行の古いものから新しいものへ並べた一覧表を作る：文献と検討課題の整理…………………………………………41

18 さらに文献を読み，A4用紙半分程度に，小見出しをつけて文章にする：作業の続行…………………………42

19 文献をサーベイした章・節を書く：論点ごとに，論争の形で書く………………………………………………43

Ⅴ 「卒論・修論を書く」の七合目：論文の骨組み完成 …………………………… 45

20 全体の枚数のノートを書き上げれば，小見出し付きの目次を作る：完全目次へのさらなる前進……………47

21　小見出しを見て，整理し，章，節のタイトルをつける：章，節のタイトルを書く …………48

22　「序論」，「結論」を書く：主題について考える …………49

Ⅵ 「卒論・修論を書く」の九合目：論文の第1，2，3次草稿完成 …………51

23　「A4用紙半分程度に，小見出しをつけて文章にしたもの」を目次に合わせて，一挙に並べる：論文の第1次草稿完成 …………53

24　論文の第1次草稿を2回読み返して，論文の論理一貫性をチェックする：論文の内容を手直して，第2次草稿完成 …………54

25　論文の第2次草稿を2回読み返して，論文の文章，誤字脱字を訂正する：論文の形式を手直して，第3次草稿完成 …………56

Ⅶ 「卒論・修論を書く」のゴール：論文の最終原稿完成 …………57

26　図表の整理，貼り付け …………59

27　参考文献の作成 …………60

28　論文タイトルの決定 …………67

目　次

第2部　次の順番で卒論・修論を書く：文献をまとめる形の論文 vs. 実証研究を主とする論文

Ⅰ　文献をまとめる形の論文作成のための28の作業プロセス ………………………………… 71
Ⅱ　実証研究を主とする論文作成のための27の作業プロセス ………………………………… 74

第3部　卒論・修論作成の心得と決まりごと

Ⅰ　文章を書く ………………………………… 82
　1　文章作成の心得 ……………………………………… 82
　2　正確な文章を書くための練習 ……………………… 82
　3　わかりやすい，首尾一貫した文章を書く ………… 84

Ⅱ　卒論・修論を書く心得 ………………………… 85
　1　学術論文作成の心得 ………………………………… 85
　2　次のような論文を書いてはいけません ………… 89
　3　良い論文を作成するためには ……………………… 91
　4　論文の構成：「序論」，「本論」，「結論」 ………… 93

5

Ⅲ 卒論・修論を完成品にするための決まりごと
　　　　………………………………………94
　1　引用文 ………………………………………94
　2　論文の2つの「注」………………………………97
　3　引用の出所ないし出典の注 ……………………99
　4　卒論・修論の体裁 ………………………………100

第4部　卒論・修論の注意事項と添削例

Ⅰ　卒論・修論作成の注意事項 ……………… 105
Ⅱ　目次の添削例 ……………………………… 110
Ⅲ　本文の添削例 ……………………………… 111
Ⅳ　図表の添削例 ……………………………… 116
Ⅴ　参考文献の添削例 ………………………… 117

第1部
次の順番で卒論・修論を書く：文献をまとめる形の論文

　卒業論文・修士論文のスタイルには，「文献をまとめる形の論文」と「実証研究を主とする論文」の2種類があります。つまり，実証研究を行うのか，否かによって，卒論・修論のスタイルには2種類があるということです。2種類のスタイルには共通点が多いので，「文献をまとめる形の論文」をいかにしてスピーディーに書くかを第1部で28の作業プロセスに分けて詳しく説明し，「実証研究を主とする論文」をいかにしてスピーディーに書くかを第2部でポイントと補足点のみを説明します。

　第1部は「Ⅰ『卒論・修論を書く』のスタート：1つの文献を読んで，テーマと第1次目次を書く」，「Ⅱ『卒論・修論を書く』の二合目：文献を読んで，書く」，「Ⅲ『卒論・修論を書く』の三合目：論文のパーツ作りと第2次目次作成」，「Ⅳ『卒論・修論を書く』の五合目：さらに文献を読んで，書く」，「Ⅴ『卒論・修論を書く』の七合目：論文の骨組み完成」，「Ⅵ『卒論・修論を書く』の九合目：

論文の第1，2，3次草稿完成」,「Ⅶ『卒論・修論を書く』のゴール：論文の最終原稿完成」といったように，卒論・修論作成プロセスを山登りにたとえて，スタート，二合目，三合目，五合目，七合目，九合目，ゴールと呼んでいます。卒論・修論の提出月を大学4年生，修士2年生の1月として，逆算すれば，『卒論・修論を書く』のタイム・スケジュールは次のとおりです。

卒業論文であれば，大学3年生の3月1日からスタートして，次のスケジュールです。

3月1日～3月31日
Ⅰ　スタート：1つの文献を読んで，テーマと第1次目次を書く
4月1日～4月30日
Ⅱ　二合目：文献を読んで，書く
5月1日～6月30日
Ⅲ　三合目：論文のパーツ作りと第2次目次作成
7月1日～8月31日
Ⅳ　五合目：さらに文献を読んで，書く
9月1日～10月31日
Ⅴ　七合目：論文の骨組み完成
11月1日～11月30日
Ⅵ　九合目：論文の第1，2，3次草稿完成
12月1日～12月31日
Ⅶ　ゴール：論文の最終原稿完成
1月
卒業論文提出

第1部◆次の順番で卒論・修論を書く:文献をまとめる形の論文

修士論文であれば,修士1年生の3月1日からスタートして,次のスケジュールです。

3月1日～3月31日
Ⅰ スタート:1つの文献を読んで,テーマと第1次目次を書く
4月1日～4月30日
Ⅱ 二合目:文献を読んで,書く
5月1日～6月30日
Ⅲ 三合目:論文のパーツ作りと第2次目次作成
7月1日～8月31日
Ⅳ 五合目:さらに文献を読んで,書く
9月1日～10月31日
Ⅴ 七合目:論文の骨組み完成
11月1日～11月30日
Ⅵ 九合目:論文の第1,2,3次草稿完成
12月1日～12月31日
Ⅶ ゴール:論文の最終原稿完成
1月
修士論文提出

I 「卒論・修論を書く」のスタート：1つの文献を読んで，テーマと第1次目次を書く

【「卒論・修論を書く」は自炊するようなもの：主体的学業の実践】

　卒業論文・修士論文は，すぐれた社会人・研究者になるための主体的学業を実践するためのものです。主体的学業実践の意味は，いままでは他人が書いた本・論文を読んでいましたが，「卒論・修論を書く」ことは自分で論文を書き，読むということです。これはたとえて言えば，自炊するようなものです。つまり，他人が作った料理を食べるのではなく，自分で料理を作り，食べるようなものです。

　では，おいしい料理を作り，食べるためにはどのようにすればよいのでしょうか。そのためには，ふだんから料理の腕を磨いておかなければなりません。いざ，料理を作るとなると，何が食べたいのかの嗜好をはっきりもたねばなりません。また，食材を購入するための予算をいくらもっているのか，調理にどれくらいの時間をかけることができるのかを知っておかねばなりません。

　「卒論・修論を書く」に戻せば，「少々難しい文献でもきちんと理解できるように，ふだんから語学，数学・統計学などを修得しておかねばなりません」，「何を書きたいのか，何を明らかにしたいのかをはっきりさせておかねばなりません」，「1月が卒論・修論の提出月であるとして，いつからはじめるのか，どのようなタイム・スケジュールで書いていくのかを決めなければなりません」。

第1部◆次の順番で卒論・修論を書く：文献をまとめる形の論文

【3月1日からスタートした，1カ月間の5つのポイント】

3月1日からスタートして，1カ月間で行わなければならないことは次の5つです。

① テーマ探し：書きたいものを見つける

「テーマ」は卒論・修論の題目であり，取り組む問題です。「テーマ探し」は「何を書きたいのか，何を明らかにしたいのかをはっきりさせておかねばなりません」というものです。学部・大学院に入学して以来，これまでの大半は文献を与えられ，課題を与えられて受け身で学んできたと思われるが，「卒論・修論を書く」は自らがテーマを設定し，解決していくものであり，すぐれた社会人・研究者に必要な「問題発見・問題解決能力」を身につけるための修練の1つです。

② テーマ探しと文献探しは同時：文献なしでは論文は書けない

料理にたとえれば，食べたいものが決まれば，それを作るために良い材料を買いに行かねばなりません。「卒論・修論を書く」に戻せば，何を書きたいのか，何を明らかにしたいのかが決まれば，それを書くための良い文献を見つけなければなりません。実際には，「テーマを決めて，文献を見つける」，「文献を見つけて，テーマを決める」のいずれかでしょうが，「文献なしでは論文は書けない」ということを肝に銘じておきましょう。

③ まず1つの文献を読んで，第1次目次を作る：目次を作れば次に読む文献を探せる

料理にたとえれば，何を食べたいのかのメニューをきちんと決めておけば，無駄な材料を買わずにすみます。「卒論・修論を書く」

に戻せば，何を書くか，何を明らかにするかの目次を決めておけば，読まなければならない文献を絞れます。文献を読むことは私たちにとっては本来何らの無駄はありませんが，限られた時間の中で，卒論・修論をスピーディーに書こうとすれば，何を読み，何を読まないかを決めておかねばならず，そのための指針が目次であり，「卒論・修論をスピーディーに書く」は目次作成から始まります。学びの第一歩は「良い文献の模倣」であり，目次作成の第一歩は最初に見つけた１つの文献だけの目次・内容を参考にして，第１次目次を作ることです。たくさんの文献を読めば混乱するので，第１次目次を作るときは，１つだけの文献の目次・内容を参考にしましょう。「目次を作れば次に読む文献を探せる」ので，それから他の文献を読めばよいでしょう。

④　目次をＡ４用紙１枚に書き，机の前に貼っておく：ひらめき

　「卒論・修論をスピーディーに書く」は目次作成から始まり，目次はこれから何を読まなければならないのかの指針です。第１次目次は１つだけの文献の目次・内容を参考にして作成したものであるので不完全です。他の文献を読み始めるようになると，読んでいる途中で目次修正を考えつくこともあるが，むしろ机から，文献から離れてリラックスしているときに「ひらめき」で目次修正を思いつくものです。そのためには，目次をＡ４用紙１枚に書き，机の前に貼っておけばよいでしょう。目次を頻繁に見えるようにしておくと，つねに頭の中に目次があり良いひらめきが生じます。

⑤ 作業が進んでいくと目次が変わり，修正した目次を貼る：目次修正は成長のあかし

第1次目次は1つの文献だけの目次・内容を参考にして作成したものです。その目次が最終の目次になることは100％ありませんし，あってはいけません。卒論・修論はすぐれた社会人・研究者になるための主体的学業を実践するためのものであり，論文の目次・内容がどんどん変わっていくことがすぐれた社会人・研究者に向けて成長している証しです。

1　テーマ探し：書きたいものを見つける

【テーマをどのように設定するのか：テーマ側の条件 vs. みなさん側の条件】

テーマは卒論・修論の題目であり，取り組む問題です。テーマをどのように設定すればよいのでしょうか。どのようなテーマが卒論・修論のテーマとして適当なのでしょうか。読み手に「このテーマはおもしろい」と思われるようなものを設定しましょう。

テーマを設定するときには，「テーマそのものの条件」と「みなさん一人ひとりの条件」の2つを考えねばなりません。

（1）　テーマ側の条件

① 研究意義のあるテーマを見つけましょう

研究意義のあるテーマを見つけることができれば，卒論・修論作成のために情熱を燃やし，エネルギーを注ぐことができるでしょう。

② 卒論・修論作成のための文献を見つけましょう

実際には，「テーマを決めて，文献を見つける」，「文献を見つけ

て，テーマを決める」のいずれかでしょうが，「文献なしでは論文は書けない」ということを肝に銘じておきましょう。

（2） みなさん側の条件

テーマを決め，文献を見つけたとしましょう。さあ，みなさんは文献を理解できるでしょうか。理解するには，専門知識や外国語，数学や統計学などが必要かもしれません。もしみなさん側に理解することにハンディがある場合には，みなさんの能力に応じた文献・テーマに変更しなければならないでしょう。ただし，卒論・修論作成のために20本の文献を読まなければならないとして，そのうちの3～4本の文献が難しいとしても，それを理由としてテーマを変えてはいけません。3～4本の難しい文献を理解するために，時間をかけて，いくつかの他の文献を読むことは卒論・修論作成の副作業であり，それはみなさんの基礎学力をぐーんとアップさせます。

【ただし，テーマをころころと変えるのは厳禁】

「何を書けばよいのか分からない」とこぼしたり，テーマを決めても，テーマが再三変わるゼミ生が少なからずいます。卒論・修論の評価採点を行うときの基準の1つは「この卒論・修論作成にはどれくらいの時間がかかったのか」というものです。論文の質の問題はありますが，大量の時間を投入して作成された卒論・修論は投入時間という基準からは良い評価を受けます。ですから，テーマをころころと変えて，結局は短時間で論文を書かざるを得なくなることは厳禁です。

第1部◆次の順番で卒論・修論を書く：文献をまとめる形の論文

【卒論・修論で取り組む問題設定の心得】

　卒論・修論の新鮮味は問題設定です。良い問題の設定は，良い論文につながります。しかし，みなさんは，まずこの問題設定で苦労するでしょう。限られたタイム・スケジュールの中で，何を，どこまで明らかにできるのかを見極めることはたしかに難しいことであり，これは論文を作成してはじめて分かるものです。まずは，最も興味のある事柄から調査・分析し，それを書き留めることです。また，書き留めたことについて，人とディスカッションすることです。書き始めると，上下，左右に議論が展開しはじめるものです。また，人とディスカッションすると，相手の反応から，設定した問題が意味あるものかどうか知ることができます。

2　テーマ探しと文献探しは同時：文献なしでは論文は書けない

【テーマと文献はワン・セット】

　みなさんは「テーマを決めてから文献を見つける」と考えがちですが，実際の作業では，「文献を見つけながらテーマを決める」に近いかもしれません。テーマと文献はワン・セットです。テーマが決まらないと文献を探せませんが，文献を探せないとテーマは変更されねばなりません。あるいは，テーマとは関係ない，しかし良さそうな文献が見つかると，テーマを変えたほうがよいかもしれません。絶対不可欠な文献・データが利用できるかどうかを確かめてからテーマを決めましょう。

【テーマ設定の心得】

　卒論・修論のテーマとは，論文で取り上げる問題のことです。論文を作成している学生を見ていると，何を問題として取り上げて書けばよいのか一向に分からないままに時間が経過し，いよいよ提出期限が近づいて，あわてて何かやさしそうなテーマを拾うということがあります。「Ａというテーマが面白そうだと思ったが，図書館に行っても文献が見つからない。Ｂというテーマについては，いろいろ本が出ているようだが，Ｂのテーマのためには高等数学ができないと取り組めないらしい。Ｃのテーマなら書けそうだが，面白くなさそうである。しかし，時間がないので，Ｃのテーマに決定した。」ということがしばしば見られます。これでは，研究のモティベーションも低く，研究時間も限られているので，良い論文を書けるはずがありません。卒論・修論のテーマを設定するための出発点は「問題意識」です。みなさんは，きっと「もっと深く知りたいと思う疑問点」や「心を惹いた問題」をもっているはずです。しかし，論文作成に取り組みはじめたとき，みなさんは，どの問題の，どの点を，論文のテーマとして設定してよいのか判断できないのが普通です。

【小さいテーマを設定すれば，読む文献は限られる：テーマの大小】

　テーマには大小いろいろあると言われていますが，「テーマの大小」とは何でしょうか。それは文献（本・雑誌）の題名・目次構成を見れば，見当がつくと思います。本の題名になりうるテーマ，本の章になりうるテーマ，本の節になりうるテーマ，論文の題目になりうるテーマから，テーマの大小を判断できるはずです。大きな問題に取り組んではいけないというのは，みなさんのチャレンジ精神にケチをつけることになりますが，大問題は1本の卒論・修論のテーマとして不向きです。限られた時間・ページ数の中で論述しなければならないので，取り組む問題が大きすぎると，どうしても論文内容が浅薄になります。大きいテーマに取り組むと，これまでの研究蓄積をサーベイするだけで忙しく，みなさんがこれまでの研究蓄積の上にさらに新しく付け加える時間がなくなります。みなさんの問題意識を絞って，「より小さいテーマ」を設定しましょう。

3　まず1つの文献を読んで，第1次目次を作る：目次を作れば次に読む文献を探せる

【まず1つの文献を読む】

　何がテーマに合った文献となるかは予め分かっているわけではありません。テーマに関係がありそうな題名がついている文献を探し，読んでみたが，卒論・修論の作成には一向に役立たなかったことがしばしばあります。これとは反対に，題名は一見したところ，テーマに関係なさそうであったが，読んで見ると，その内容は論文作成

に大いに役立ったということもしばしばあります。つまり、何がテーマに合った文献となるかは、読んで見ないと分からないのです。

しかし、第1次目次を作るのに知っておいて欲しいのは、はじめからたくさんの文献を読まないことです。多数の文献を読むと、整理をするのにたいへんで、目次作成が難しくなります。「1つの文献」にいきなりは出会わないでしょうが、いくつかの文献を寸読するうちに、「この文献は卒論・修論作成に役立ちそうだなあ」という1つの文献が見つかるものです。見つかれば、その文献を読んで、第1次目次を作りましょう。

料理にたとえれば、何を食べたいのかのメニューをきちんと決めておけば、無駄な材料を買わずにすみます。「卒論・修論を書く」については、いきなり目次を決め、読もうとする文献を絞ることができるというわけではありません。第1次目次を作るのに直接役立たない文献を読むことは大いにありうることですが、この読みは「寸読」、「通読」であり、時間がかかる読書ではありません。第1次目次を作れば、次にしっかりと読まなければならない文献を探せるので、それから他の文献を読めばよいでしょう。

【目次：第1次目次は順番を気にすることなく論点を3〜4つ挙げるだけ】

「目次」の作成というと、みなさんはどの順番で項目を並べればよいかと迷うことを経験から知っています。1つの文献を読んで第1次目次を作るとき、項目を順序よく並べることができるはずがありません。目次だからといって、今の段階では、項目の順番を気に

してはいけません。きちんとした順番が確定するのは論文作成の終盤（10月）です。第1次目次はまさに第1次で，この段階（3月）では，論点を3〜4つだけ挙げればよく，その順番は重要ではありません。論点を3〜4つ挙げることさえできれば，それが第1次目次で，それら3〜4つの論点を検討するために，文献探しがはじまるのです。

【「思いつき」】
　卒論・修論の作成において「思いつき」は重要なものであり，それがみなさんの独創性につながります。「思いつき」をそのまま放置するのは素人のすることであり，具体的な形あるものにするのが「研究者」です。「思いつきは机に向かって悩んでいても生まれるものでなく，坂道を歩いているときにいい思いつきが生まれる」と言われることがありますが，それは平常その問題について思い巡らしているからでしょう。

4　目次をＡ４用紙1枚に書き，机の前に貼っておく：ひらめき

【題名・目次をメモ書きにして机の前に貼る】
　3月1日からスタートして，卒論・修論作成のタイム・スケジュールは次のものです。

3月1日～3月31日
Ⅰ　スタート：1つの文献を読んで，テーマと第1次目次を書く
4月1日～4月30日
Ⅱ　二合目：文献を読んで，書く
5月1日～6月30日
Ⅲ　三合目：論文のパーツ作りと第2次目次作成
7月1日～8月31日
Ⅳ　五合目：さらに文献を読んで，書く
9月1日～10月31日
Ⅴ　七合目：論文の骨組み完成
11月1日～11月30日
Ⅵ　九合目：論文の第1，2，3次草稿完成
12月1日～12月31日
Ⅶ　ゴール：論文の最終原稿完成
1月
卒業論文・修士論文提出

　上記の予定表では，10カ月にわたる長時間の作業を行うことになっているので，題名と目次をＡ4用紙1枚に書き，机の前に貼っておきましょう。そうすれば，次の2つの良いことがあります。

① 　これから長時間にわたって文献を読み，文章を書くという作業が続きます。今読んでいる文献が，いま書いている文章がどこからつながり，どこへつながっていくのかを知っておくことは卒論・修論をスピーディーに作成するために必要です。Ａ4用紙1枚にまとめた題名・目次は論文の鳥瞰図（全体図）です。論文全体の構図を知っておけば，各作業の意味を理解でき，モティベー

ションを高めることができます。論文全体の構図を知っていれば，論文作成において迷子になることはないでしょう。

② 「卒論・修論をスピーディーに書く」は目次作成から始まり，目次はこれから何を読まなければならないのかの指針です。第1次目次は1つだけの文献の目次・内容を参考にして作成したものであるので不完全です。他の文献を読み始めるようになると，読んでいる途中で目次修正を考えつくこともあるが，むしろ机から，文献から離れてリラックスしているときに「ひらめき」で目次修正を思いつくものです。目次を頻繁に見るようにしておくと，つねに頭の中に目次があり良いひらめきが生じます。

5 作業が進んでいくと目次が変わり，修正した目次を貼る：目次修正は成長のあかし

【作業が進んでいくと，目次は変わり，題名も変わる】

第1次目次は1つの文献だけの目次・内容を参考にして作成したものです。その目次が最終の目次になることは100％ありませんし，あってはいけません。私はいつも，机に座って見えるところに，題名と目次を書いたものを貼って，論文を書き始めます。作業が進んでいくと，目次は変わり，題名も変わります。変われば，それを書いたものを再度貼って作業を続けます。題名と目次を書いたものを貼っておくと，それがいつも頭の中にあり，道を歩いているときに「第2，3章を入れ替えたほうがよい」，「論点を絞りこむことができる別の章が思いつき，第4章を削ったほうがよい」などなどをしばしば思いつくものです。

【論点の絞り込み】

　卒論・修論の作成は，次々に関連のある文献を漁り，簡単な記述を読み，より詳細な記述を読み，1つの文献の参考文献から他にも文献のあることを知り，またそれを探し出してきて読む，といった作業の連続です。文献を読んでいるうちに，このテーマについては想像していたよりも膨大な量の研究がすでに存在していることに気付きます。そこまで分かってくると，みなさんは，そのような研究の蓄積に付け加えるべきものは何か，つまり「私はどんな貢献ができるのか」について悩むことになるでしょうし，不安を感じるようになるでしょう。事実，卒論の報告，修論の口述試験でみなさんに必ずや質問されることの1つは「あなたの論文でどんな新しい知見が得られましたか」，「付加価値は何ですか」というものです。しかし，ここまで研究を進めてきたのも事実ですし，「いまさら別のテーマに変えるわけにはいかない」，さらに本質的な問題として，「依然として，このテーマを研究しつづけたい」と思っているかもしれません。このときは，論点をさらに狭いものに制限し，これまでの膨大な研究蓄積に潜む欠陥や空白を認識することが重要です。

【目次修正は成長のあかし】

　卒論・修論はすぐれた社会人・研究者になるための主体的学業を実践するためのものです。新しく行った作業により，論文が完成するまでに，何度も題名や目次が変わるでしょう。題名・目次がどんどん変わっていくことは，みなさんがすぐれた社会人・研究者に向けて成長し，良い論文が出来上がることを意味しています。

第1部◆次の順番で卒論・修論を書く：文献をまとめる形の論文

Ⅱ 「卒論・修論を書く」の二合目：文献を読んで，書く

【3月1日からスタートし，4月1日～30日の1カ月間の作業の3つのポイント】

本章は，『卒論・修論を書く』を3月1日からスタートして，4月1日～30日（二合目）の1カ月間の作業の話です。4月中にしなければならないことは次の3つです。

⑥　文献を通学電車の中で半時間読む：文献を読むことから始まる

「読んで，書いて」が1つの作業です。1日で「読んで，書いて」を完結できるだけの量を読み，書くことです。「読んで，書いて」に1日1時間しかとれないのであれば，3分の1の20分しか読まない。3時間とれるのであれば1時間読めばよいでしょう。

⑦　読んだ文献をその日のうちに文章にする：今日読んだ文献は明日には忘れる

「文献を読む」は全体時間の3分の1，「読んだ文献を文章にする」は全体時間の3分の2くらいの時間配分です。「読んだ文献を文章にする」ためには，読んだ文献をもう一度，あるいは二度読まなければならないかもしれません。今日1時間で読んだ文献のページ数がたとえば5ページであったとしましょう。「読んだ文献をその日のうちに文章にする」は5ページに書かれていることを理解して，それを同意の立場から，あるいは不同意の立場から，「みずからの文章の形でまとめる」ということを意味しています。このようにして書いた文章は11月に仕上げる第1次原稿のパーツとなり，そ

のときにはその文章は「文章の言い回しの微調整はありうるとしても，内容の修正はあってはならない」ということでなければなりません。

⑧ 文献を毎日読み，その日のうちに文章にする：読み慣れ，書き慣れ

 ２ページを１日おきに書くのであれば，１ページを毎日書きましょう。とにもかくにも「書き慣れ」が最重要です。書くためには，読まなければなりませんから，「文献を毎日読み，その日のうちに文章にする」ことを心掛けましょう。「毎日読む，書く」が続けられるだけの量をまずは決めましょう。

6　文献を通学電車の中で半時間読む：文献を読むことから始まる

【「読んで，書いて」を１日で完結できるだけの量を読む】

 「読んで，書いて」が１つの作業です。文献を読むばかりで，読み溜めをしておいて，いずれかの日に一挙に書こうとしてもできません。なぜか。読んだことを忘れてしまっているからです。そうなると，再度同じ文献を読まなければなりません。本来，二度，三度読むことは理解を深め，新たな認識を得るという意味で決して無駄ではありませんが，「卒論・修論をスピーディーに書く」ということからは二度読み・三度読みは避けねばなりません。そのためには，どうすればよいのでしょうか。それは「１日で読んで，書いて」を完結できるだけの量を読み，書く」ことです。「読んで，書いて」に１日１時間しかとれないのであれば，３分の１の20分しか読ま

い。3時間とれるのであれば3分の1の1時間読めばよいでしょう。「文献を通学電車の中で半時間読む」との小見出しをつけましたが，それはたとえの話であり，「通学電車の中で」の意図は「時間があるから読むということではなく，必ず時間を作って読む」ということと，「半時間読む」の意図は「読んで，書いて」を1日で完結できるだけの量を読むということです。

【4，5，6月でキーペーパーを3本読む】

　文献をまとめる形の論文，28の作業プロセスの第3「まず1つの文献を読んで，第1次目次を作る：目次を作れば次に読む文献を探せる」で，「第1次目次は最初に見つけた1つの文献だけの目次・内容を参考にして作成しましょう」と述べました。この文献が，卒論・修論を書き終えたあとで，論文の中心文献の1つであるか否かはわかりませんが，とりあえずテーマの設定，目次作成に役立ったことは事実だと思います。論文の題名・目次の第1次案が決まったことで，「次に読む文献を探せる」のですが，できるだけ早いうちに，論文全体の中で中心になりうる文献を3本見つけることが肝要です。論文全体の中で中心になりうる文献は「キーペーパー」と呼ばれていますが，キーペーパーを3本見つけ，1本を1カ月かけて，隅々まで，丁寧に読みましょう。

【1本のキーペーパーを読むのに，20本の論文を読む】

　私はかつてゼミナールの先生から「1冊の本を読むのに，20冊の本を読みなさい」，「1本の論文を読むのに，20本の論文を読みなさい」と指導されました。キーペーパーの熟読の中で理解できないところが出てくれば，理解できるようになるまで，他の文献を読むということにすれば，1本の文献を読むのに，他の20本の文献を読むことになるかもしれません。他のたくさんの文献を読んでこそ実力がつき，キーペーパーの難しい内容も理解できるようになるでしょう。これが研究上の成長というものだと思います。しかも，文献をたんに読むのとは異なり，キーペーパーの難しい内容を理解しようとする問題意識をもって文献を読むのでは，文献理解度がまったく違ってきます。「文献を通学電車の中で半時間読む：文献を読むことから始まる」の文献は早いうちにキーペーパーであって欲しいものです。

7　読んだ文献をその日のうちに文章にする：今日読んだ文献は明日には忘れる

【読んだ文献をその日のうちに文章にする】

　ある日に，卒論・修論作成のために3時間とれたとすれば，そのうちの1時間を「文献を読む」，2時間を「読んだ文献を文章にする」にあてるくらいの時間配分を心掛けておきましょう。「文献を読む」は全体時間の3分の1，「読んだ文献を文章にする」は全体時間の3分の2くらいの時間配分です。

　「読んだ文献をその日のうちに文章にする」は読んだ文献を転記

する（写す）ことではありません。「読んだ文献を文章にする」ためには、読んだ文献をもう一度、あるいは二度読む必要があるかもしれません。単に転記する（写す）だけならば、文献を理解せずに、ただひたすら書けばよいでしょうが、「今日読んだ文献は明日には忘れる」は「今日書いた文章は明日には忘れる」ということも意味します。本書の予定表では、卒論・修論は10カ月かけて書きます。4月に文献を読み、それを転記したものを11月に再度読んで、第1次原稿を書けるでしょうか。11月には4月に読んだこと・書いたことを完全に忘れてしまっているでしょう。「卒論・修論をスピーディーに書く」において肝に銘じてもらいたいのは同じことを繰り返すという無駄をけっして行わないようにすることです。

【読んだ文献を「みずからの文章の形でまとめる」】

今日1時間で読んだ文献のページ数がたとえば5ページであったとしましょう。「読んだ文献をその日のうちに文章にする」は5ページの全文を転記することではありません。また、5ページのうちの一部を抜粋して転記することでもありません。「読んだ文献をその日のうちに文章にする」は5ページに書かれていることを理解して、それを同意の立場から、あるいは不同意の立場から、「みずからの文章の形でまとめる」ということを意味しています。このようにして書いた文章は11月に仕上げる第1次原稿のパーツとなり、そのときにはその文章は「文章の言い回しの微調整はありうるとしても、内容の修正はあってはならない」ということでなければなりません。「内容の修正はあってはならない」と言いましたが、4月

に読み，書いた文章は11月にはすっかり忘れてしまっているかもしれないので，その内容の手直しをしようと思っても，再度同じ文献を読まない限りできるわけがないのです。

　レベルの高い問題に長時間にわたって取り組むときには，最初に書いた簡略ノートを書いた本人ですら内容が分からなくなるのが普通です。簡略ノートの内容にもとづいて論文原稿を書けないときは，もとの文献をふたたび読まなくてはいけません。研究が進むにつれて，理解力が高まっているので，より良いノートが取れるとは思いますが，同じ文献を読むのは基本的には時間の無駄です。「卒論・修論をスピーディーに書く」において肝に銘じてもらいたいのは同じことを繰り返すことがないこと，つまり，再度同じ文献を読まないと文章にできないようなノートを書いてはいけないことです。

【レーニンのノートは私は推奨しません】

　ノートで有名なのは，レーニンの『哲学ノート』や『帝国主義ノート』です。レーニンは，図書館を実によく利用し，ページ数をきちんと記入しながら，手書きで書き抜きを行っています。引用した部分について，感心したところには「！」をつけてあったり，笑うべきところには「ハハハ」などと書いています。あるいは，「注意！」，「重要」と書いてあったり，原著者の誤りを指摘していたりします。さらにアンダーラインを書いて，問題点の重要度を一目瞭然としています。しかし，工夫をたくさん行っていると言っても，これは文献の転記にすぎません。本書の予定表では卒論・修論は10カ月かけて書きます。4月に文献を読み，それを転記したものを11

月に再度読んで，第1次原稿を書けるでしょうか。レーニン流のノート（文献転記）をとっても，それらはすべて引用文としてならば，きわめて有効に活用できますが，引用文だけでは卒論・修論にはなりません。やはり，読んだ文献を同意の立場から，あるいは不同意の立場から，「みずからの文章の形でまとめる」ことが不可欠です。

8　文献を毎日読み，その日のうちに文章にする：読み慣れ，書き慣れ

【読み慣れ，書き慣れ】

「文献を読む」ことはしばしばであっても感覚を失いませんが，「文章を書く」はしばしばであれば感覚を失います。文章を書くというのは案外難しく，スラスラとはなかなか書けないものです。スラスラ書くには，文章を書き慣れることが一番です。2ページを1日おきに書くのであれば，1ページを毎日書きましょう。とにもかくにも「書き慣れ」が最重要です。書くためには，読まなければなりませんから，「文献を毎日読み，その日のうちに文章にする」ことを心掛けましょう。「学ぶよりも慣れる」が肝要です。しかし，「毎日読む，書く」となると，継続できるだけの量を行うことが重要で，たくさん読んで，たくさん書くことは毎日は続きません。「毎日読む，書く」が続けられるだけの量をまずは設定しましょう。必ず，毎日，どんなに忙しくても，これだけの量を読む，書くということから，その量を決めましょう。もちろん，その量さえ決め，毎日「読み書き」を実行することができるのであれば，ある1日に

たっぷり時間があるので，たくさん読み，たくさん書くというのは結構なことです。しかし，読みムラ，書きムラがあってはいけません。コンスタントに読み，書くことが大切です。

Ⅲ 「卒論・修論を書く」の三合目：論文のパーツ作りと第２次目次作成

【３月１日からスタートし，５月１日～６月30日の２カ月間の作業の６つのポイント】

　本章は，『卒論・修論を書く』を３月１日からスタートして，５月１日～６月30日の２カ月間の作業の話です。５，６月中にしなければならないことは次の６つです。

⑨　Ａ４用紙半分程度に，小見出しをつけて文章にする：小見出し
　ポイントは「小見出し」です。「小見出し」をつけていなければ，何の内容のＡ４用紙１枚であるのかが分かりません。みなさんに必ずや行ってもらいたいのは，「文献を読む，文章を書く」の作業の中で，Ａ４用紙半分程度を書き上げれば，内容を簡潔に表している「小見出し」をつけることです。「小見出し」は，みなさんの文章整理のためのものです。文章を書き上げてすぐに「小見出し」をつけると，内容が十分わかっている間につけられているので，実に的確な小見出しになっているはずです。

⑩　再度同じ文献を読むことがないように，１つひとつの文章を完成原稿にする：時間が経過すれば書き上げた文章を忘れてしまう
　内容レベルが高い文章は，自らが書き上げたものであっても，時間が経過すれば，「こんなことを書いていたのか」と自問するくら

い，内容を忘れてしまっているものです。時間が経過すれば，書いた内容を忘れるのは実に普通のことです。そこで，みなさんに実行してもらいたいのは，「再度同じ文献を読むことがないように，1つひとつの文章を完成原稿にする」ことです。9月になると，4月に書いた文章を修正することなく，貼り付けだけを行えば済むように，10カ月にわたる「文献を読む，文章を書く」において，文章を完全原稿の形で仕上げるようにしましょう。「1つひとつの文章を完成原稿にする」には多少時間はかかりますが，1つには文献内容がしっかりと頭の中にある間にまとめるのはより正確な文章になります。もう1つには元の文献を再読して書き直すよりは時間が圧倒的に少なくて済みます。

⑪ キーペーパーを見つける：「何について書きたいのか，何を明らかにしたいのか」を明確に意識する

　できるだけ早いうちに，論文全体の中で中心になりうる文献（キーペーパー）を3本見つけることが肝要です。第1次目次作成のときに参考にした文献はキーペーパーに近いでしょうが，目次作成のための文献と，本文作成のための文献は異なるかもしれません。「1つのことを書きたい，1つのことを明らかにしたい」ならば，1つのキーペーパーをできるだけ早いうちに見つけましょう。キーペーパーが見つかれば，1本のキーペーパーを1カ月かけて，隅々まで，丁寧に読みましょう。そうすれば，1つの章の骨格ができあがります。3本のキーペーパーを読めば，3つの章の骨格，つまり卒論・修論の骨組みができあがります。

⑫　キーペーパーを完読する：脚注も含めて，すべてを読み，理解する

　キーペーパーの熟読の中で理解できないところが出てくれば，理解できるようになるまで，他の文献を読みましょう。「キーペーパーを完読する」ことは，そのためにさまざまな文献を問題意識をもって読み，そしてキーペーパーの難しい内容を理解できるようになることを意味しています。キーペーパーは卒論・修論にとってきわめて重要な参考文献であるが，「キーペーパーを完読する」ことは卒論・修論の作成に役立つのみならず，問題意識をもって他の文献を読むことにより，さまざまな基礎学力を着実に身につけることができるでしょう。

⑬　1本のキーペーパーを1つの章のベースにする：キーペーパーなしでは章は書けない

　「テーマと文献はワンセットです」と言いましたが，同様の意味で，「各章とキーペーパーはワンセットです」ということを銘記しましょう。章の順番は論文全体が出来上がってからの話で，いまはとにかく「3つの論点，3つの章，そしてそれらを書き上げるのに最重要な3つの文献（キーペーパー）」がはっきりしていることが重要です。

⑭　3章立てで，合計20本の文献を読むとすれば，そのうち3本がキーペーパー，残り17本が関連文献：第2次目次の作成（3本のキーペーパーで3つの章のタイトルつくり）

　卒論・修論の参考文献は3本のキーペーパーだけではありません。1本のキーペーパーは1つの章を書くのに最重要な文献ですが，唯

第1部◆次の順番で卒論・修論を書く：文献をまとめる形の論文

一の文献であってはなりません。「各章とキーペーパーはワンセットです」が，1つの章で取り上げた論点を，5～6本の関連文献でさらに肉付けしなければなりません。1つの章を書くときに，1本のキーペーパーは骨格となる文献，5～6本の関連文献は肉付けになる文献になるものです。3本のキーペーパーを読み，文章化して，第2次目次を作りましょう。第1次目次を作ったときに「目次を作れば次に読む文献を探せる」と言いましたが，第1次目次を作成すれば「キーペーパーとして何を読めばよいのか」が分かり，第2次目次を作成すれば「関連文献として何を読めばよいのか」が分かります。

9　Ａ４用紙半分程度に，小見出しをつけて文章にする：小見出し

【10カ月にわたって「文献を読む，文章を書く」ので「小見出し」】

　本書においては，卒論・修論作成は3月1日にスタートして12月末までに書き上げ，1月に提出すると予定しています。10カ月にわたって「文献を読む，文章を書く」をひたすら続けていくのですが，卒論・修論全体のページ数に相当する枚数のノートを書き上げる時期になる，9，10月（「卒論・修論を書く」の七合目：論文の骨組み完成）には，次の2つの作業などがあります。

⑳　全体の枚数のノートを書き上げれば，小見出し付きの目次を作る：完全目次へのさらなる前進

㉑　小見出しを見て，整理し，章，節のタイトルをつける：章，節のタイトルを書く

さらに，11月（「卒論・修論を書く」の九合目：論文の第1，2，3次草稿完成）には，次の作業などがあります。

㉓　「Ａ４用紙半分程度に，小見出しをつけて文章にしたもの」を目次に合わせて，一挙に並べる：論文の第1次草稿完成

【文章を書き上げてすぐに「小見出し」をつける】

ポイントは「小見出し」です。ひたすら文献を読んで，文章を書いていくのですが，4月にＡ４用紙1枚に書き上げたものを9月になってパッと見て分かるでしょうか。さらりと読んで理解できるでしょうか。卒論・修論といった学術論文は内容レベルが高いはずであり，パッと見たり，さらりと読んで理解できるものではありません。「小見出し」をつけていなければ，何の内容のＡ４用紙1枚であるのかが分かりません。4月に書き上げたものは9月になるとすっかり内容を忘れているかもしれません。「これは何の関連の話であるのか」，「何がポイントなのか」などがすっかり忘れられているかもしれません。この調子で，卒論・修論全体のページ数に相当する枚数のノートをすべて読んで，理解しようとなるとそれ相応の時間と努力が必要です。それゆえ，みなさんに必ずや行ってもらいたいのは，「文献を読む，文章を書く」の作業の中で，Ａ４用紙半分程度を書き上げれば，内容を簡潔に表している「小見出し」をつけることです。「小見出し」は，みなさんの文章整理のためのものです。文章を書き上げてすぐに「小見出し」をつけると，内容が十

分わかっている間につけられているので，実に的確な小見出しになっているはずです。

10 再度同じ文献を読むことがないように，1つひとつの文章を完成原稿にする：時間が経過すれば書き上げた文章を忘れてしまう

【1つひとつの文章を完成原稿にする】

10カ月にわたって「文献を読む，文章を書く」をひたすら続けているのですから，4月に書き上げた文章の内容を9月に理解できるはずがありません。内容レベルが高い文章は自らが書き上げたものであっても，時間が経過すれば，「こんなことを書いていたのか」と自問するくらい，内容を忘れてしまっているものです。時間が経過すれば，書いた内容を忘れるのは実に普通のことです。そこで，みなさんに実行してもらいたいのは，「再度同じ文献を読むことがないように，1つひとつの文章を完成原稿にする」にすることです。9月になると，4月に書いた文章を修正することなく，貼り付けだけを行えば済むように，10カ月にわたる「文献を読む，文章を書く」において，文章を完全原稿の形で仕上げるようにしましょう。9月になると，文章を修正する時間もなく，また，文章を手直ししようと思えば，元の文献を再び読まざるをえず，これは「時間がない」より「気力がない」ために行い得ません。「1つひとつの文章を完成原稿にする」には多少時間はかかりますが，1つには文献内容がしっかりと頭の中にある間にまとめるのはより正確な文章になります。もう1つには元の文献を再読して書き直すよりは時間が圧

倒的に少なくて済みます。

11 キーペーパーを見つける：「何について書きたいのか，何を明らかにしたいのか」を明確に意識する

【小さな問題をテーマとする】

みなさんのチャレンジ精神にケチをつけることになりますが，大きな問題は1本の卒論・修論のテーマとしては不向きです。限られた時間・ページ数の中で，論文を作成しなければならないので，取り組む問題が大きすぎると，どうしても論文内容が浅薄になります。小さな問題をテーマとして設定すれば，読まなければならない文献は限られ，付加価値を生むのに時間をあてることができるようになります。

【キーペーパーを3本見つける】

できるだけ早いうちに，論文全体の中で中心になりうる文献（キーペーパー）を3本見つけることが肝要です。第1次目次作成のときに参考にした文献はキーペーパーに近いでしょうが，目次作成のための文献と，本文（序論，本論，結論）作成のための文献は異なるでしょう。

【キーペーパーを1カ月かけて，隅々まで，丁寧に読む】

まず重要なことは卒論・修論で取り上げる論点，つまり「何について書き，何を明らかにするのか」です。「1つのことを書きたい，1つのことを明らかにしたい」ならば，1つのキーペーパーをでき

第1部◆次の順番で卒論・修論を書く：文献をまとめる形の論文

るだけ早いうちに見つけましょう。キーペーパーが見つかれば，1本のキーペーパーを1カ月かけて，隅々まで，丁寧に読みましょう。そうすれば，1つの章の骨格ができあがります。3本のキーペーパーを読めば，3つの章の骨格，つまり卒論・修論の骨組みができあがります。4月に1本のキーペーパーを読んだものとすれば，5，6月の2カ月間であと2本のキーペーパーを読みましょう。

12 キーペーパーを完読する：脚注も含めて，すべてを読み，理解する

【キーペーパー中の理解できないところは他の文献を読む】

キーペーパーの熟読の中で理解できないところが出てくれば，理解できるようになるまで，他の文献を読みましょう。このようなことをしていれば，1本の文献を読むのに，他の20本の文献を読むことになるかもしれません。しかし，他のたくさんの文献を読んでこそ実力がつき，キーペーパーの難しい内容を理解できるようになるでしょう。

【キーペーパーを完読する】

「キーペーパーを完読する」ことが重要なのです。キーペーパーを隅々まで，丁寧に読んだからといって，読んだすべてが卒論・修論に書かれるわけではありません。おそらくその一部です。その一部の割合が大きいことがキーペーパーであることの意味ですが，「キーペーパーを完読する」ことは，そのためにさまざまな他の文献を問題意識をもって読み，そしてキーペーパーの難しい内容を理

解できるようになることを意味しています。キーペーパーを読むには統計学などの予備知識が必要なことがあるかもしれません。そのとき，教科書をたんに読むだけでは統計学はなかなか身につきませんが，問題意識をもって読むとしっかりと身につきます。キーペーパーの中で統計学が使われ，それが難しくて理解できないとき，「何を学ばねばならないのか」ということを意識してこそ，統計学の学習の理解度をきわめて高めます。キーペーパーは卒論・修論にとってきわめて重要な参考文献であるが，「キーペーパーを完読する」ことは卒論・修論の作成に役立つのみならず，問題意識をもって他の文献を読むことにより，さまざまな基礎学力を着実に身につけることができるでしょう。

13　1本のキーペーパーを1つの章のベースにする：キーペーパーなしでは章は書けない

【各章とキーペーパーはワンセット】

「テーマと文献はワンセットです」と言いましたが，同様の意味で，「各章とキーペーパーはワンセットです」ということを銘記しましょう。卒論・修論が「序論」，「結論」を除いて，3つの章からなっているとすれば，3つの章は第1次目次を作成したときに取り上げた3つの論点です。卒論・修論の題名（テーマ）のもとに，3つの論点が取り上げられ，その3つの論点が章のタイトルになるようにしましょう。章の順番は論文全体が出来上がってからの話で，いまはとにかく「3つの論点，3つの章，そしてそれらを書き上げるのに最重要な3つの文献（キーペーパー）」がはっきりしている

第1部◆次の順番で卒論・修論を書く:文献をまとめる形の論文

ことが重要です。それが「1本のキーペーパーを1つの章のベースにする:キーペーパーなしでは章は書けない」という意味です。

14　3章立てで,合計20本の文献を読むとすれば,そのうち3本がキーペーパー,残り17本が関連文献:第2次目次の作成(3本のキーペーパーで3つの章のタイトルつくり)

【3つの論点,3つの章,3つの文献】

「3つの論点,3つの章,そしてそれらを書き上げるのに最重要な3つの文献(キーペーパー)」ということで,3本のキーペーパーを読み,文章を書いたとします。卒論・修論が「序論」,「結論」を除いて,3つの章から成り立ち,卒論・修論の全体の原稿枚数がＡ4で40枚であるとしましょう。「序論」に3枚,「結論」に2枚,「参考文献」に2枚割り当てるとすれば,本文の3つの章には33枚が,1つの章には11枚が割り当てられます。さあ,4,5,6月の3カ月間で3本のキーペーパーを読んで,何枚の小見出し付きのノートを書き上げることができたでしょうか。

【キーペーパーは骨格となる文献,関連文献は肉付けになる文献】

卒論・修論の参考文献は3本のキーペーパーだけではありません。1本のキーペーパーは1つの章を書くのに最重要な文献ですが,唯一の文献であってはなりません。「各章とキーペーパーはワンセットです」が,1つの章で取り上げた論点を,5〜6本の関連文献で

さらに肉付けしなければなりません。1つの章を書くときに、1本のキーペーパーは骨格となる文献、5～6本の関連文献は肉付けになる文献になるものです。

【1本のキーペーパーをもとに7～8枚、5～6本の関連文献をもとに3～4枚】

　1つの章11枚は1本のキーペーパーをもとに7～8枚、5～6本の関連文献をもとに3～4枚から成るようにしましょう。1本のキーペーパーをもとに7～8枚書くようにして、そのうち4～5枚がキーペーパーの丁寧な内容紹介（何を、どのようにして明らかにしているのか）、3～4枚がキーペーパーの拡張・修正です。キーペーパーの拡張・修正を主としてオリジナリティを強調しようとすれば、キーペーパーをもとに書かれた7～8枚のうち3～4枚がキーペーパーの丁寧な内容紹介（何を、どのようにして明らかにしているのか）、4～5枚がキーペーパーの拡張・修正です。

【第2次目次を作成すれば「関連文献として何を読めばよいのか」が分かる】

　1本のキーペーパーになった、あるいはキーペーパーに近い文献を最初に読んで第1次目次を作成し、3つの論点を取り上げて、順番に拘らずに3つの章の題名を考えたが、「3つの論点、3つの章、そしてそれらを書き上げるのに最重要な3つの文献（キーペーパー）」を読んで、文章化したとき、もはや第1次目次の3つの章の題名は修正されて当然でしょう。修正されてこそ、順調に論文作

成が進んでいるのであって，修正はこれまでの研究の成果です。

　3本のキーペーパーを読み，文章化して，第2次目次を作りましょう。第1次目次を作ったときに「目次を作れば次に読む文献を探せる」と言いましたが，第1次目次を作成すれば「キーペーパーとして何を読めばよいのか」が分かり，第2次目次を作成すれば「関連文献として何を読めばよいのか」が分かります。

Ⅳ　「卒論・修論を書く」の五合目：さらに文献を読んで，書く

【3月1日からスタートし，7月1日～8月31日の2カ月間の作業の5つのポイント】

　本章は，『卒論・修論を書く』を3月1日からスタートして，7月1日～8月31日の2カ月間の作業の話です。7，8月中にしなければならないことは次の5つです。

⑮　全体の3分の1くらいの枚数の原稿を書き上げれば，小見出し
　　付きの目次を作る：完全目次への前進

　4，5，6月の3カ月間で3本のキーペーパーを読んで，何枚の小見出し付きのノートを書き上げることができたでしょうか。3本のキーペーパーを読んで，卒論・修論の本文（33枚）の3分の1くらいの枚数（11枚）のノートを書き上げることができたでしょうか。第1次目次作成の段階において，3つの論点を取り上げることで，順番を問題にしない「章」らしきものを作りましたが，3本のキーペーパーを読んで，文章化しているので，今や順番を問題にする「章」らしきものを作成することができるでしょう。1本のキー

ペーパーに基づいて，1つの「章」らしきものについて，4枚書き上げているとすれば，1枚につき2つ，4枚で8つの小見出しが付けられているはずです。論文の題名，章の題名にあわせて，8つの小見出しの順番を整理し，1つの小見出しともう1つの小見出しはほぼ同じだから，あるいは共通部分があるから，1つにまとめ，共通の小見出しをつけることができれば，それが「章」を構成する1つの「節」になりえます。順番を問題にする「節」らしきものを作成することができれば，それは「完全目次への前進」です。

⑯　小見出し付きの目次を見て，先行研究のサーベイを再度行う：さらに何を読むかの確認

　第1次目次を作成すれば「キーペーパーとして何を読めばよいのか」が分かり，3本のキーペーパーを読んで作成された第2次目次では論点がさらに絞り込まれ，「関連文献として何を読めばよいのか」が分かるようになります。「小見出し付きの目次を見て，先行研究のサーベイを再度行う」というのは，第1次目次を見て3本のキーペーパー（先行研究）のサーベイを行い，今度は第2次目次を見て残り17本の関連文献（先行研究）のサーベイを行うということです。

⑰　先行研究文献をキーワードを3つ付けて，刊行の古いものから新しいものへ並べた一覧表を作る：文献と検討課題の整理

　17本の関連文献をリストアップしましょう。ただし，これはいわば「試行錯誤的な」文献目録です。「試行錯誤的な」文献目録を時間軸で古いものから新しいものへ並べましょう。そうすれば，その分野の研究がどのように発展してきたかが分かります。また，どの

第1部◆次の順番で卒論・修論を書く：文献をまとめる形の論文

ような方向へ次に展開しなければいけないかという新しい論点が見えてくるでしょう。古いものから新しいものへ並べられた「試行錯誤的な」文献目録を作成するときに，Ｂ４あるいはＡ３サイズの大きさの紙を用い，行列の形式で，1番左に上から下へ「年」，その右に「著者名」，「文献名」を書き，さらにその右に「何を論じているのか」が分かるキーワード3つを列挙するようにしましょう。

⑱　さらに文献を読み，Ａ４用紙半分程度に，小見出しをつけて文章にする：作業の続行

4，5，6月の3カ月間で3本のキーペーパーを読んで，小見出し付きのノートを書き上げました。3本のキーペーパーを読んで作成された第2次目次では論点がさらに絞り込まれ，7，8月では残り17本の関連文献を読んで，同様にして，小見出し付きのノートを書き上げましょう。

⑲　文献をサーベイした章・節を書く：論点ごとに，論争の形で書く

文献サーベイ（研究史の記述）のねらいは，これまでの研究史を整理し，みなさんの研究をその中に位置付けられるようにすることです。試行錯誤的な文献目録を作成するときは「年の順」，卒業論文・修士論文に掲載する参考文献目録は「アルファベットあるいは五十音（アイウエオ）順」ですが，論文でサーベイを書くときは論点別です。卒論・修論の中で複数の論文をサーベイするときに，意味なく順番に概説を行ってはいけません。サーベイを行うときには，取り上げている論文がおたがいどのような関係にあるのかが明確に整理されていなければなりません。ある論点について，論文Ａ，Ｃ

は同じことを主張し，論文E，Fは別の同じことを主張し，論文D は両者をつなぐことを主張しているとき，それらの位置関係が分かるように論文の論点別整理をして書くことがサーベイです。

15　全体の3分の1くらいの枚数の原稿を書き上げれば，小見出し付きの目次を作る：完全目次への前進
【「序論」3枚，「結論」2枚，「参考文献」2枚，「本文」33枚の合計40枚】

　卒論・修論全体の原稿枚数がＡ4で40枚であるとしましょう。「序論」に3枚，「結論」に2枚，「参考文献」に2枚割り当てるとすれば，本文の3つの章には33枚が，1つの章には11枚が割り当てられます。4，5，6月の3カ月間で3本のキーペーパーを読んで，何枚の小見出し付きのノートを書き上げることができたでしょうか。1本のキーペーパーで11枚書き上げることができたでしょうか。「全体の3分の1くらいの枚数の原稿を書き上げれば」は，1つの章について11枚の3分の1，つまり3〜4枚書き上げれば，を意味しています。「Ａ4用紙半分程度に，小見出しをつけて文章にする」とすでに言いましたが，1本のキーペーパーに基づいて，1つの章について，4枚書き上げているとすれば，1枚につき2つ，4枚で8つの小見出しが付けられているはずです。

　1つの章について，8つの小見出しを作ることができれば，論文の題名，章の題名にあわせて，8つの小見出しの順番を整理することができるでしょう。小見出しの順番を整理し，1つの小見出しともう1つの小見出しはほぼ同じだから，あるいは共通部分があるか

ら，1つにまとめ，共通の小見出しをつけることができれば，それが「章」を構成する1つの「節」になりえます。

【順番を問題にする「節」らしきものを作成する】

　何のために「小見出し」をつけていたのか。それは文章を読むことなく，小見出しを見るだけで，ノート整理をし，「節」を作るためです。「章」は第1次目次作成の段階において，3つの論点を挙げることで，順番を問題にしない「章」らしきものを作り，3本のキーペーパーを読んで，文章化して，順番を問題にする「章」らしきものを作成しました。「全体の3分の1くらいの枚数の原稿を書き上げた」段階，つまり3本のキーペーパーを読んで，それぞれについてＡ4用紙4枚程度に文章化した段階においては，順番を問題にする「節」らしきものを作成することができます。章，節，しかも順番を気にした章，節（小見出し付きの目次）を作れるようになると，それは「完全目次への前進」です。

16　小見出し付きの目次を見て，先行研究のサーベイを再度行う：さらに何を読むかの確認

【第2次目次を見て残り17本の関連文献のサーベイ】

　第1次目次を作成すれば「キーペーパーとして何を読めばよいのか」が分かり，第2次目次を作成すれば「関連文献として何を読めばよいのか」が分かりますとすでに述べました。第1次目次は1本の文献だけを読んで作成され，3つの論点を挙げることができたので，3本のキーペーパーを探すきっかけとなりました。第2次目次

（順番を気にした章，節：小見出し付きの目次）は3本のキーペーパーを読んで作成され，それは各章について5～6本の関連文献を探すきっかけとなります。

　3本のキーペーパーを読んで作成された第2次目次（順番を気にした章，節：小見出し付きの目次）では，3つの論点がさらに絞り込まれ，「関連文献として何を読めばよいのか」が分かるようになります。それが「さらに何を読むかの確認」の意味です。「小見出し付きの目次を見て，先行研究のサーベイを再度行う」というのは，第1次目次を見て3本のキーペーパー（先行研究）のサーベイを行い，今度は第2次目次を見て残り17本の関連文献（先行研究）のサーベイを行うということです。

【「文献探索の努力」と「問題を考え抜く情熱」】

　論文を作成するには，文献の検索を行わなくてはいけませんが，研究を行い，その成果を卒論・修論にまとめるには，まず「狂気のような情熱」が必要なことを理解しましょう。あるテーマについて調べ抜き，考え抜こうとすると，文献検索はわずらわしいものに感じられるかもしれません。さまざまな文献を1本の論文にまとめるためには何か狂気のような，一気にやり通す精神力がなければなりません。図書館などに足繁く通ってコツコツ調べる努力と，問題を考え抜く情熱が，論文を書く根本的なエネルギーです。

第1部◆次の順番で卒論・修論を書く：文献をまとめる形の論文

【知っておきましょう　原書と翻訳書】

　資料には，「第一次資料」と「第二次資料」があります。原書と翻訳書がある場合には，原書が第一次資料，翻訳書が第二次資料です。日本においてケインズがどのように解釈されてきたかを研究しようとするならば，むしろ翻訳書の方が第一次資料になるかもしれませんが，ケインズを研究する場合は，英語の原典が第一次資料です。翻訳書が原書を正しく翻訳している保証はないのですから，第一次資料としての原書を研究の基礎としなければならないのは，証拠を固めるという学問上の要求に由来するものです。原書を利用できる状況にあるにもかかわらず，翻訳書だけしか利用していないならば，その結果は研究としては価値の低いものになります。

17　先行研究文献をキーワードを3つ付けて，刊行の古いものから新しいものへ並べた一覧表を作る：文献と検討課題の整理

【文献サーベイの心得】

　文献を見つけるときには，次のことを心掛けましょう。

① 　テーマに関係のありそうな文献名についてのリストを作りましょう。これはいわば「試行錯誤的な」文献目録です。

② 　「試行錯誤的な」文献目録を時間軸で古いものから新しいものへ並べましょう。そうすれば，その分野の研究がどのように発展してきたかが分かります。また，どのような方向へ次に展開しなければいけないかという新しい論点が見えてくるでしょう。

③ 　古いものから新しいものへ並べられた「試行錯誤的な」文献目

録を作成するときに，Ｂ４あるいはＡ３サイズの大きさの紙を用い，行列の形式で，１番左に上から下へ「年」，その右に「著者名」，「文献名」を書き，さらにその右に「何を論じているのか」が分かるキーワード３つを列挙するようにしましょう。

④　研究が進んでいく中で，「試行錯誤的な」文献目録の中からある文献を削り，その中に他の文献を付け加えましょう。研究が進み，論文が完成するときには，手直しされた文献目録はそのままで論文に付せられる参考文献になるでしょう。

⑤　文献を見つけ，文献目録を作る中で，みなさんの研究が先学の研究蓄積（学説史）のどこに位置するのかを考えなければなりません。

18　さらに文献を読み，Ａ４用紙半分程度に，小見出しをつけて文章にする：作業の続行

【17本の関連文献を読んで，小見出しをつけて文章にする】

　４，５，６月の３カ月間で３本のキーペーパーを読んで，小見出し付きのノートを書き上げました。３本のキーペーパーを読んで作成された第２次目次では論点がさらに絞り込まれ，７，８月では残り17本の関連文献を読んで，同様にして，小見出し付きのノートを書き上げましょう。

【文献をどのように探せばよいのか】

　学術雑誌には「学界展望」という特集論文（サーベイ論文）や関連分野の文献目録が掲載されています。最初はこのようなサーベイ

第1部◆次の順番で卒論・修論を書く：文献をまとめる形の論文

論文や文献目録を手掛かりとして，テーマに関係のありそうな文献名を選び出して文献目録を作り，さらに専門事典の関連項目を調べることから初めて，あちらこちらに探索の範囲を拡げていきましょう。もちろん，パソコンでの検索に釘付けになったり，古書店を歩いたり，という肉体労働も必要でしょう。

【図書館で文献を探索する】

図書館で文献を探索するときには，次の3つのことを頭に入れておきましょう。

① 図書館の分類の「総記」というところには，図書目録や雑誌論文目録が収められているので，それらの目録から書名を選び出すことができます。

② 新刊書については，『これから出る本』（日本書籍出版協会）や，新聞・週刊誌・月刊誌などの広告欄などを見ればよいでしょう。また，『図書』（岩波書店）などの出版社PR誌も役に立ちます。

③ 洋書については，丸善や紀伊國屋などの書店の「新刊案内」速報を見ればよいでしょう。

19 文献をサーベイした章・節を書く：論点ごとに，論争の形で書く

【文献サーベイのねらい】

文献サーベイ（研究史の記述）のねらいは，これまでの研究史を整理し，みなさんの研究をその中に位置付けられるようにすることです。みなさんが取り組もうとする，あるいは取り組んでいるテー

マについて，一体これまでにどれだけの研究蓄積があるのかを確かめなければ，みなさんが研究を始めるときに，どの地点から一歩踏み出してよいものやら分かりません。新しい論点だと信じていたものが，先人によってすでに解決済みで，ひょっとすると，踏み出す地点すらないかもしれません。このようなときには，さらに詳細に，これまでにどのような研究史があり，その中でどのような異なった論理展開が行われ，異なった結論があったのかを整理し，みなさんの研究スタート地点を見いださなければなりません。諸説を整理し，批判し，問題点を探ることはたいへんなことですが，それが研究というものです。教員がみなさんが書いた卒論・修論を評価するときの１つの基準は「いかにうまく文献サーベイを行っているか」です。

【論文の論点別整理をして書くことがサーベイ】

試行錯誤的な文献目録は「年の順」，卒論・修論に掲載する参考文献目録は「アルファベットあるいは五十音（アイウエオ）順」ですが，論文でサーベイを書くときは論点別です。卒論・修論の中で複数の論文をサーベイするときに，意味なく順番に概説を行ってはいけません。サーベイを行うときには，取り上げている論文がおたがいどのような関係にあるのかが明確に整理されていなければなりません。ある論点について，論文Ａ，Ｃは同じことを主張し，論文Ｅ，Ｆは別の同じことを主張し，論文Ｄは両者をつなぐことを主張しているとき，それらの位置関係が分かるように論文の論点別整理をして書くことがサーベイです。意味なく，単に関係がありそうだからということで，何の関係があるのかを明示することなく，次か

ら次へ論文概要を書くのはサーベイではありません。

【「サーベイ」をどう取り扱うべきか】

サーベイ（研究史の記述）は，みなさんの研究を従来の研究史の中に位置づけることになるでしょう。「サーベイ」がかなりのページ数を必要とする場合は，その部分は序論に入れないで，別の章（ないし節）として独立させた方がよいでしょう。ただし，その研究史の概略が学界でほぼ常識となっていると思われるような場合は，簡潔に要点だけを提示するにとどめて序論の中に盛り込んだほうがよいでしょう。

V 「卒論・修論を書く」の七合目：論文の骨組み完成

【3月1日からスタートし，9月1日〜10月31日の2カ月間の作業の3つのポイント】

本章は，『卒論・修論を書く』を3月1日からスタートして，9月1日〜10月31日の2カ月間の作業の話です。9，10月中にしなければならないことは次の3つです。

⑳　全体の枚数のノートを書き上げれば，小見出し付きの目次を作る：完全目次へのさらなる前進

論文全体の枚数のノートを書き上げるくらいになれば，相当程度研究が進み，80の小見出しを並べて見ていると，はじめに設定した章，途中で設定した節の見直しが必要になることがあるでしょう。80の小見出し付きの目次を並べれば，必ず章・節の見直しが出てき

ます。この章・節の見直しが「完全目次へのさらなる前進」です。

㉑ 小見出しを見て，整理し，章，節のタイトルをつける：章，節のタイトルを書く

　章，節のタイトルをつけながら，繰り返し，繰り返し，章，節の順番を検討しましょう。卒論・修論では「何かを明らかにしたい」のです。どのような順番で章，節を並べ，どのような章・節のタイトルをつければ，論文内容を明瞭に読み手に伝えることができるのかを考えねばなりません。ネーミングをするのは楽しいことです。章・節のタイトル付けを楽しんでください。

㉒ 「序論」，「結論」を書く：主題について考える

　「この論文では要するに何を言いたいのですか。一言で言って下さい。」さあ，いかがでしょうか。みなさんは書き上げた論文の主張点を一言で言えますか。この一言が「主題」であり，論文の主張点を一言で言うことができなければ，「題名あって，主題なし」ということになります。主題は，論文の内容の要約ではありません。主題は，論文の読み手に対して，伝えたいことがらの中のもっとも核になるものです。木にたとえれば，「主題」は幹にあたります。「主題文」（主題を一つの文にしたもの）を書くと，論文の内容の統一性，方向性がはっきりとしてくるでしょう。論文の各構成要素は枝，葉などにあたり，幹がしっかりとしていれば，木は倒れません。幹が桜であれば，梅の枝などあるはずがありません。幹がしっかりしていないと木が倒れるように，主題がしっかりしていないと，論文は支離滅裂の内容になってしまいます。

第1部◆次の順番で卒論・修論を書く：文献をまとめる形の論文

20 全体の枚数のノートを書き上げれば，小見出し付きの目次を作る：完全目次へのさらなる前進

【80の小見出し付きの目次を並べれば，必ず章・節の見直し】

　卒論・修論の全体の原稿枚数がＡ４で40枚であるとして，「序論」に３枚，「結論」に２枚，「参考文献」に２枚割り当てるとすれば，本文の３つの章には33枚が，１つの章には11枚が割り当てられます。４，５，６月の３カ月間で３本のキーペーパーを読み，７，８月の２カ月間で17本の関連文献を読んで，小見出し付きのノートを，ほぼＡ４で40枚書けたと思います。「Ａ４用紙半分程度に，小見出しをつけて文章にする」ということなので，１枚につき２つ，40枚で80の小見出しをつけたはずです。

　第１次目次作成の段階においては，３つの論点を取り上げることで，順番を問題にしない「章」らしきものを作りました。第２次目次作成の段階においては，論文の題名，章の題名にあわせて，小見出しの順番を整理し，順番を問題にする「節」らしきものを作成しました。それは「完全目次への前進」であったわけですが，ひょっとすると，あるいは大いにありうることですが，１つの小見出しを節を超えて，さらには章を超えて，より適切な場所におくほうがよいことがあります。論文全体の枚数のノートを書き上げるくらいになれば，相当程度研究が進み，80の小見出しを並べて見ていると，はじめに設定した章，途中で設定した節の見直しが必要になることがあるでしょう。80の小見出し付きの目次を並べれば，必ず章・節の見直しが出てきます。この章・節の見直しが「完全目次へのさら

なる前進」です。

【全体を何章に分けるのか】

　本書では序論，結論以外に3つの章，つまり本文が3つの章から構成されるものと想定していますが，章の数が必ずや3つでなければならないということではありません。全体を何章に分けるか，それぞれにどれだけのページ数を割り当てるかをまず考えて，研究の進展とともに，その構成を修正しながら，論文を書きましょう。

　できる限り同じページ数にするくらいで，章，節を書きましょう。極端に長い章・節，短い章・節があると，バランスが悪く，格好が悪いです。1つの章がきわめて長く8つの節からなり，他の章が4つの節からなっているとすれば，8つの節からなる1つの章を2つに分けることができないのかを考えましょう。また，逆に，2つの章がきわめて短く，それぞれ2つの節からなり，他の章が4つの節からなっているとすれば，2つの節からなる2つの章を一緒にできないのかを考えましょう。

21　小見出しを見て，整理し，章，節のタイトルをつける：章，節のタイトルを書く

【章，節のタイトルをつけながら，章，節の順番を検討】

　第1次目次作成の段階で，順番を問題にしない「章」らしきものを作りました。第2次目次作成の段階で，順番を問題にする「節」らしきものを作成しました。さらに，80の小見出し付きの目次を並べて，章・節の見直しを行いました。論文の題名に合った，順番を

第1部◆次の順番で卒論・修論を書く：文献をまとめる形の論文

問題にする章・節が出来上がっているはずであり，いまや章，節のタイトルをつける段階に到達しました。章，節のタイトルをつけながら，繰り返し，繰り返し，章，節の順番を検討しましょう。卒論・修論では「何かを明らかにしたい」のです。どのような順番で章，節を並べ，どのような章・節のタイトルをつければ，論文内容を明瞭に読み手に伝えることができるのかを考えねばなりません。ネーミングをするのは楽しいことです。章・節のタイトル付けを楽しんでください。

22 「序論」，「結論」を書く：主題について考える
【序論は論文のPR文】

　論文では，「序論」は「序」，「緒論」，「緒言」と呼ばれています。序論はもっとも書きにくいと言われ，実際の作業においては，「本論」，「結論」，「序論」の順で書き，あとで「序論」，「本論」，「結論」の順に並び替えることがあります。「序論」は，論文のPR文ですので，読み手の関心をそそるものでなければなりません。ただし，読み手は素人ではなく，玄人なのですから，専門家向きのPR文でなければなりません。常識化していることは書かずに，「なぜその問題を取り上げるのか」，「どれだけの研究蓄積があるのか」，「どのような学説があるのか」，「ある学説を補強するのか，批判するのか」などを書くようにしましょう。つまり，問題の所在と研究史の要約についての簡潔な説明を書きましょう。また，「序論」は論文のPR文ですので，主題をめぐって，どのような論理展開を行っているのかが分かるように，章・節の構成を「序論」で説明し

ておきましょう。

　序論に割り当てるべきページ数は決まっていませんが，序論が本論なみに長いのは奇妙です。しかし，序論は単なる前置きや挨拶ではありませんから，2行や3行で済ませてしまうわけにもいきません。序論は論文の骨組みの1つであり，不可欠なものですが，ページ数は論文全体の1割以下に抑えましょう。

【知っておきましょう　「序文」，「はしがき」，「まえがき」】
　1冊の本の場合には，序論とは別に「序文」，「はしがき」，「まえがき」などと呼ばれる短い文章が冒頭におかれます。「序文」，「はしがき」，「まえがき」では，執筆・出版の動機，意図，謝辞など主に個人的な感想を簡潔に書きます。しかし，論文では，「序文」，「はしがき」，「まえがき」は必要ありません。

【題名は自覚していても，主題ははっきりしていないかもしれません】
　みなさんに聞きたいと思います。「この論文では要するに何を言いたいのですか。一言で言って下さい。」さあ，いかがでしょうか。みなさんは書き上げた論文の主張点を一言で言えますか。この一言が「主題」であり，論文の主張点を一言で言うことができなければ，「題名あって，主題なし」ということになります。主題は，論文の内容の要約ではありません。主題は，論文の読み手に対して，伝えたいことがらの中のもっとも核になるものです。

第1部◆次の順番で卒論・修論を書く：文献をまとめる形の論文

【主題文を書こう】

　木にたとえれば,「主題」は幹にあたります。「主題文」（主題を一つの文にしたもの）を書いてみると，論文の内容の統一性，方向性がはっきりとしてくるでしょう。論文の各構成要素は枝，葉などにあたり，幹がしっかりとしていれば，木は倒れません。幹が桜であれば，梅の枝などあるはずがありません。幹がしっかりしていないと木が倒れるように，主題がしっかりしていないと，論文は支離滅裂の内容になってしまいます。

Ⅵ 「卒論・修論を書く」の九合目：論文の第1, 2, 3次草稿完成

【3月1日からスタートし，11月の1カ月間の作業の3つのポイント】

　本章は,『卒論・修論を書く』を3月1日からスタートして，11月1日〜30日の1カ月間の作業の話です。11月中にしなければならないことは次の3つです。

㉓　「Ａ４用紙半分程度に，小見出しをつけて文章にしたもの」を目次に合わせて，一挙に並べる：論文の第1次草稿完成

　4月1日〜10月30日にかけて書き上げてきたノートは，そのときどきに文献を読んで，文章化したものです。1日1日が独立で，完全原稿化を試みたノートです。それらのノートは1つ1つがバラバラですから，小見出しを見て，一挙に並べ，さらに小見出しを見るのみならず，文章をしっかり読んで，80の小見出し付きのノートを1つの論文になるようにつなげましょう。

51

㉔ 論文の第1次草稿を2回読み返して，論文の論理一貫性をチェックする：論文の内容を手直して，第2次草稿完成

　論理一貫性のある文章を書くためには，「問題を設定する」，「設定した問題について仮説を設け，それを分析するための方法を検討する」，「検討された分析方法で論証を図る」，「結論を導く」の順番で書くことが必要です。卒論・修論の完成（提出）直前まで小見出しをつけておいたほうがよいでしょう。文章を繰り返し読むときに，小見出しがあると，文章の論理一貫性をチェックしやすいからです。「小見出し」は論文が完成したときに，削ればよいのであって，それまではあったほうが論文の内容チェックに非常に役立ちます。

㉕ 論文の第2次草稿を2回読み返して，論文の文章，誤字脱字を訂正する：論文の形式を手直して，第3次草稿完成

　「あることを言いたい」，「あることを伝えたい」これは主題です。主題について，どんな「材料」を用いて論理展開すればよいのでしょうか。いくつかの材料が，同じ時間，同じ原因，同じ外，同じ問題設定であったときにどのように配列すればよいのでしょうか。そのときは，重要なものから書くことです。そして，材料がたくさんありすぎるときは，すべてを書かずに，重要ないくつかの材料だけを選び出して書く方が効果的かもしれません。

23 「Ａ４用紙半分程度に，小見出しをつけて文章にしたもの」を目次に合わせて，一挙に並べる：論文の第１次草稿完成

【１つ１つがバラバラのノートを小見出しを見て一挙に並べる】

　卒論・修論の全体の原稿枚数がＡ４で40枚であるとして，「序論」に３枚，「結論」に２枚，「参考文献」に２枚割り当てるとすれば，本文の３つの章には33枚が，１つの章には11枚が割り当てられます。４，５，６月の３カ月間で３本のキーペーパーを読み，７，８月の２カ月間で17本の関連文献を読んで，小見出し付きのノートを，ほぼＡ４で40枚書けたとします。また，80の小見出し付きの目次を並べて，章・節のタイトル付けができているとします。

　４月１日～10月30日にかけて書き上げてきたノートは，そのときどきに文献を読んで，文章化したものです。１日１日が独立で，完全原稿化を試みたノートです。それらのノートは１つ１つがバラバラですから，小見出しを見て，一挙に並べ，さらに小見出しを見るのみならず，文章をしっかり読んで，80の小見出し付きのノートを１つの論文になるようにつなげなければなりません。

24 論文の第1次草稿を2回読み返して，論文の論理一貫性をチェックする：論文の内容を手直して，第2次草稿完成

【論理一貫性のある文章を書く】

論理一貫性のある文章を書くためには，「問題を設定する」，「設定した問題について仮説を設け，それを分析するための方法を検討する」，「検討された分析方法で論証を図る」，「結論を導く」の順番で書くことが必要です。

卒業論文はみなさんが人生はじめて書く長文です。しかし，長文を一気に書くのはプロでも不可能です。長い文章を書こうとは決して思わず，短文（超短文）をたくさん書き，それを書き終えてから，「筋道の通った文章」になるように，並べることをすすめます。ですから，内容を読みながらではなく，小見出しだけで，並べることができるように，各短文（各超短文）に小見出しをつけてきたのです。

卒論・修論の完成（提出）直前まで小見出しをつけておいたほうがよいでしょう。文章を繰り返し読むときに，小見出しがあると，文章の論理一貫性をチェックしやすいからです。小見出しは論文が完成したときに，削ればよいのであって，それまではあったほうが論文の内容チェックに非常に役立ちます。

【論理一貫性のある文章とは何か】

以下の4つの段階が踏まれていない論文は，いったい何を問題にし，何を結論として言いたいのかが分からない論文，また，検討さ

第1部◆次の順番で卒論・修論を書く：文献をまとめる形の論文

れるべき仮説とそれを分析するための方法が不明瞭な論文ということになります。

① 問題設定

論文の新鮮味は，この問題設定です。良い問題の設定は，良い論文につながります。

② 仮説とその分析のための方法

1つの問題に興味をいだき，それを卒論・修論のテーマとして，取り組み始めたとします。このとき，全く相反する仮説を立てることができるが，まずは，これらの仮説を検討している先行研究をサーベイする必要があります。そして，先行研究の結論にチャレンジできる「仮説」の設定が，論文作成のインセンティブ（誘因）になります。

③ 論証

仮説を立て，分析方法が確定すると，次は，その仮説を，その分析方法で論証しなければなりません。このとき，概念をはっきり規定しておくことが必要です。

④ 結論

卒論・修論の結論部分では，上述のプロセスを経てきた結果，得られた結論のみが書かれなければなりません。最近の研究状況における自分の研究結果の位置づけ，意味付けを述べる必要があります。それまで述べてきた論理展開を飛び越して，何らの根拠も示していない結論を書くことは控えなければなりません。

25 論文の第2次草稿を2回読み返して、論文の文章、誤字脱字を訂正する：論文の形式を手直して、第3次草稿完成

【論理展開するための材料を考えましょう】

「あることを言いたい」、「あることを伝えたい」これは主題です。主題について、どんな「材料」を用いて論理展開すればよいのでしょうか。材料には、理論分析モデル、実証分析結果、具体的な事例、統計の数値、たとえなどがありますが、どのような材料を使うかは、主題によって、あるいは読み手に対する考慮によって、それぞれ異なるでしょう。

【材料の配列を考えましょう】

読み手の頭の中に順序よく材料を送り込むためには、どのような工夫をすればよいのでしょうか。材料の配列については、次の3点を知っておきましょう。

① 同じ種類（性質）の材料は、同じ所にまとめておきましょう。

② 材料の配列の基本は、時間的順序（過去から現在、現在から将来の順に書く）、原因・結果の順序（原因を述べて、結果を記す）、空間的順序（例えば北から南へ、あるいは外から内へ書く）、問題設定・解決の順序（問題点を挙げて、その解決策を論ずる）です。ただし、これらの順序を逆にするほうが、「主題」についての論理展開を行う際に効果的な場合もあるかもしれません。心掛けることは、いかに材料を配列すれば、読み手に理解してもらいやすいのかということです。

第1部◆次の順番で卒論・修論を書く：文献をまとめる形の論文

③ いくつかの材料が，同じ時間，同じ原因，同じ外，同じ問題設定であったときにどのように配列すればよいのでしょうか。そのときは，重要なものから書くことです。そして，材料がたくさんありすぎるときは，すべてを書かずに，重要ないくつかの材料だけを選び出して書く方が効果的かもしれません。あれもこれも言うと，読み手に対して，論文の印象が薄くなるかもしれないからです。

Ⅶ 「卒論・修論を書く」のゴール：論文の最終原稿完成

【「卒論・修論を書く」のゴール】

第1部では「文献をまとめる形の論文」をいかにしてスピーディーに書くかを詳しく説明しています。卒論・修論の提出月を大学4年生，修士2年生の1月として，『卒論・修論を書く』のタイム・スケジュールは次のとおりでした。

3月1日～3月31日
Ⅰ スタート：1つの文献を読んで，テーマと第1次目次を書く
4月1日～4月30日
Ⅱ 二合目：文献を読んで，書く
5月1日～6月30日
Ⅲ 三合目：論文のパーツ作りと第2次目次作成
7月1日～8月31日
Ⅳ 五合目：さらに文献を読んで，書く

9月1日～10月31日
Ⅴ　七合目：論文の骨組み完成
11月1日～11月30日
Ⅵ　九合目：論文の第1，2，3次草稿完成
12月1日～12月31日
Ⅶ　ゴール：論文の最終原稿完成
1月
卒業論文・修士論文提出

　いよいよ，12月になり，『卒論・修論を書く』のゴール（最終原稿完成）が見えてきたと思います。

【3月1日からスタートし，12月1日～31日の1カ月間の作業の3つのポイント】

　本章は，『卒論・修論を書く』を3月1日からスタートして，12月1日～31日（ゴール）の1カ月間の作業の話です。12月中にしなければならないことは次の3つです。

㉖　図表の整理，貼り付け

　図表はなるべく1ページの中に収まるようにしましょう。図表には番号をつけて，第1-1表，第1-2表，第2-1表，第2-2表，第1-1図，第1-2図，第2-1図，第2-2図などとし，標題をつけるようにします。ここで，第1-2表の1は章の番号，2は章の中の表の順番を表す番号です。

第1部◆次の順番で卒論・修論を書く：文献をまとめる形の論文

㉗　参考文献の作成

　参考文献の作成には「ルール」があります。著者名・文献名の書き方にはいくつかの「型」がありますが，いくつかの他の文献における「参考文献の書き方」を見て，それらの中の1つを参考にして，参考文献の作成を行いましょう。

㉘　論文タイトルの決定

　題名は論文の看板のようなものですから，はっきりと何についての論文であるかが分かるようにネーミングする必要があります。格好の良い，いかにも学術論文と思われるようなネーミングを付けたいものです。

26　図表の整理，貼り付け

【図表作成の心得】

　活字で組むことができるものは「表」，原図を写真板や凸版にして印刷するものは「図」とそれぞれ呼ばれています。視覚的に訴えることのできる「図表」を適切に用いると，論文の内容はたいへん効果的なものになります。良い図表を作成するためには，文献の中の図表をたくさん見ましょう。どこが良いか，工夫は何かということを意識して，図表の作成テクニックを習得しましょう。次の点に注意して，メリハリのある図表を作成しましょう。

①　文字や数字を見やすくする。

②　線のつながりや線質の違いを見分けやすくする。

③　図や文字をバランスよく配置する。

【図表をどのように取り扱えばよいのか】

　図表を本文中に掲げる場合は，なるべく1ページの中に収まるように置くとよいでしょう。図表には番号をつけて，第1-1表，第1-2表，第2-1表，第2-2表，第1-1図，第1-2図，第2-1図，第2-2図などとし，標題をつけるようにします。ここで，第1-2表の1は章の番号，2は章の中の表の順番を表す番号です。章をまたがって，第1表，第2表，第3表などと通し番号にすると，そのうちの1つだけを削除したり，逆に1つだけを追加することになったとき，すべての表の番号を変更せざるを得なくなります。第1-1表，第1-2表などのように章ごとの通し番号にしておけば，そのうちの1つだけを削除したり，逆に1つだけを追加することになったとしても，その章だけの変更にとどまります。

27　参考文献の作成

　参考文献の作成において，著者名・文献名を書くときは，次の諸点を決して欠いてはいけません。まず，いくつかの例文をあげておきます。

【和書の場合】

滝川好夫『サブプライム金融危機のメカニズム』千倉書房，2011年3月。

滝川好夫『経済記事の要点がスラスラ読める「経済図表・用語」早わかり』（PHP文庫）PHP研究所，2002年12月。

① 　著者名（編者名）

第1部◆次の順番で卒論・修論を書く：文献をまとめる形の論文

② 書名

『　』を用いて正確な題名を書く。副題があればそれも落としてはいけません。

③ シリーズ名

（　）の中にシリーズ名を書く。

④ 出版社名

⑤ 刊行年

【洋書の場合】

Dornbusch, R. and S. Fischer, *Macroeconomics*, 2nd ed., McGraw-Hill, 1981.

① 著者名（編者名）

ファミリー・ネーム（ラスト・ネーム）を初めに書き、次にファースト・ネームを書きます。共著の場合、2人目からは、ファースト・ネームを初めに書き、次にファミリー・ネームを書きます。

② 書名

イタリックで書く。アラビア数字やローマ数字は、その書物にある表示のままに記します。

③ 版次

④ 刊行地

⑤ 出版社名

⑥ 刊行年

【翻訳書の場合】

Fisher, I., *The Theory of Interest*, New York, The Macmillan co., 1930（気賀勘重・気賀健三訳『フィッシャー利子論』（近代経済学古典選集12）日本経済評論社，1980年）。

① 著者名（編者名）

　ファミリー・ネーム（ラスト・ネーム）を初めに書き，次にファースト・ネームを書きます。共著の場合，2人目からは，ファースト・ネームを初めに書き，次にファミリー・ネームを書きます。

② 書名

　イタリックで書く。アラビア数字やローマ数字は，その書物にある表示のままに記します。

③ 刊行地

④ 出版社名

⑤ 刊行年

⑥ 訳者名，書名，シリーズ名，出版社名，刊行年

　（　）の中に，訳者名，書名，シリーズ名，出版社名，刊行年を書く。

【日本語の論文の場合】

矢尾次郎「金融政策観の展開」（矢尾次郎・川口慎二編『金融政策入門［新版］』有斐閣，1977年），19-68頁。

① 執筆者名

第1部◆次の順番で卒論・修論を書く:文献をまとめる形の論文

② 題名

題名を「　」に入れます。

③ 編者名,書名,出版社名,刊行年

（　）の中に,編者名,書名,出版社名,刊行年を書く。

④ 掲載頁

【日本語の雑誌論文の場合】

滝川好夫「リバースモーゲージ制度の理論モデル」『生活経済学研究』第16巻,2001年,235-242頁。

① 執筆者名
② 題名

題名を「　」に入れます。

③ 雑誌名

雑誌名を『　』に入れます。

④ 雑誌の巻・号数

上記の雑誌は号数がないので,巻数だけですが,巻・号数は落としてはいけません。

⑤ 刊行年月
⑥ 掲載頁

【英語の雑誌論文の場合】

Phelps, E.S., "The Accumulation of Risky Capital : A Sequential Utility Analysis," *Econometrica*, vol. 29, October 1962, pp. 729-43.

① 執筆者名
② 論文名
　論文名を" "（ダブルクォーテーション）で囲みます。
③ 雑誌名
　イタリックで書きます。
④ 雑誌の巻・号数
　上記の雑誌は号数がないので，巻数だけですが，巻・号数は落としてはいけません。
⑤ 刊行年
⑥ 刊行地
⑦ 出版社名
⑥ 掲載頁

【英語の論文の場合】

Harrod, R. F., "An Essay in Dynamic Theory," in *Readings in the Modern Theory of Economic Growth*, ed. by J. E. Stiglitz and H. Uzawa, Cambridge, The M. I. T. Press, 1969.

① 執筆者名
② 論文名
　論文名を" "（ダブルクォーテーション）で囲みます。
③ in 書名
　イタリックで書きます。
④ ed. by 編者名
⑤ 刊行地

第1部◆次の順番で卒論・修論を書く：文献をまとめる形の論文

⑥ 出版社名
⑦ 刊行年
⑧ 掲載頁

文献名・著者名を書くときには，次の点に注意しましょう。

① 外国語文献の書名・雑誌名はイタリック体で書きます。イタリック体で示すことができない場合は下線（傍線）を引きます。
② 洋書については，出版社名ではなくて，ロンドンとかニューヨークとかの刊行地を書けば十分です。
③ 日本語訳のある文献については，論文作成において訳本をも参照した場合には，日本語訳の書名をも併記します。
④ 新聞については，例えば『日本経済新聞』2004年6月27日と書きます。
⑤ 日本の学界では，英語文献は英語流に，ドイツ語文献はドイツ語流に表記することが慣行となっています。
⑥ 副題がある場合には副題をも含めて書きます。
⑦ 雑誌や論文集に掲載された論文については，論文名に" "を付けます。
⑧ 洋書の雑誌の巻数はローマ数字の大文字（Ⅰ，Ⅱなど）によって表します。
⑨ ページ数はアラビア数字（1，2など）によって表します。
⑩ 著者が外国人である場合，ファミリー・ネーム（姓）以外の名については，フルネーム，イニシアルのいずれであろうが，本の扉頁にある書き方に従えばよいでしょう。
⑪ 文献目録や索引などで著者名をアルファベット順に並べる場合

65

には，ファミリー・ネーム（ラスト・ネーム）の頭文字でそろえ，それぞれの姓のあとにコンマを打ちます。ただし，ロイド・ジョージDavid Lloyd Georgeのような複合姓の場合にはLloyd George, Davidという順になります。また，ビスマルクOtto von Bismarckのように前置詞が姓の一部になっている人の場合には，Bismarck, Otto vonという順にします。

⑫　著者名が書いていないパンフレットのような出版物の場合には，「匿名」という意味でanon. という言葉を著者名の代わりに書きます。たとえば，

Anon., *The Theory of Interest*, New York, 1930.

しかし，匿名であっても著者名が明らかに確認できる場合や，あるいはペンネームで書かれた著作について実名が明らかである場合には，[　]をつけて補います。たとえば，

[Fisher, I.], *The Theory of Interest*, New York, 1930.

⑬　外国語文献で，著者が複数である場合には，普通は3名までは，その名を連記し，4名以上の場合には，主要な著者名を挙げ，他は「その他」という意味のラテン語の略語et al. で表します。

⑭　各大学で，卒論・修論の作成要領が作られています。論文の形式は標準的なものがいくつかあり，本書もその1つを紹介しているにすぎません。みなさんは必ず，それぞれの大学が作成している卒論・修論の作成要領を詳しく読まなければなりません。

28 論文タイトルの決定
【題名は論文の看板です】

　題名は論文の看板のようなものですから，はっきりと何についての論文であるかが分かるようにネーミングする必要があります。格好の良い，いかにも学術論文と思われるようなネーミングを付けたいものです。肉を売っているから「肉屋」，魚を売っているから「魚屋」の看板を掲げることができるのであって，肉屋と看板を掲げて魚を売ってはいけません。同様に，論文の題名（タイトル）と内容は一致するようにしなければいけません。誕生した子供に命名するように，みなさんが書き上げた論文に，内容にふさわしい素敵な名前を付けましょう。

第2部

次の順番で卒論・修論を書く：
文献をまとめる形の論文 vs.
実証研究を主とする論文

【「実証研究を主とする論文」をいかにしてスピーディーに書くか】

卒業論文・修士論文のスタイルには「文献をまとめる形の論文」と「実証研究を主とする論文」の2種類があり，第1部では「文献をまとめる形の論文」をいかにしてスピーディーに書くかを詳しく説明しました。2種類のスタイルには共通点が多いので，第2部では「実証研究を主とする論文」をいかにしてスピーディーに書くかについてポイントと補足点のみを説明します。

実証研究を行う卒論・修論の提出月を大学4年生，修士2年生の1月として，逆算すれば，『卒論・修論を書く』のタイム・スケジュールは次のとおりです。

卒業論文であれば，大学3年生の3月1日からスタートして，次のスケジュールです。

3月1日~3月31日
Ⅰ　スタート：実証の文献を読んで，テーマと第1次目次を書く
4月1日~4月30日
Ⅱ　二合目：文献を読んで，書く
5月1日~6月30日
Ⅲ　三合目：実証研究のスタート
7月1日~8月31日
Ⅳ　五合目：実証研究の第1次結果を踏まえてさらに文献を読んで，書く
9月1日~9月30日
Ⅴ　七合目：論文の骨組み完成
10月1日~11月30日
Ⅵ　九合目：論文の第1，2，3次草稿完成
12月1日~12月31日
Ⅶ　ゴール：論文の最終原稿完成
1月
卒業論文提出

　修士論文であれば，修士1年生の3月1日からスタートして，次のスケジュールです。

3月1日~3月31日
Ⅰ　スタート：実証の文献を読んで，テーマと第1次目次を書く
4月1日~4月30日
Ⅱ　二合目：文献を読んで，書く

第2部◆次の順番で卒論・修論を書く:文献をまとめる形の論文 vs. 実証研究を主とする論文

5月1日〜6月30日
Ⅲ 三合目:実証研究のスタート
7月1日〜8月31日
Ⅳ 五合目:実証研究の第1次結果を踏まえてさらに文献を読んで,書く
9月1日〜9月30日
Ⅴ 七合目:論文の骨組み完成
10月1日〜11月30日
Ⅵ 九合目:論文の第1,2,3次草稿完成
12月1日〜12月31日
Ⅶ ゴール:論文の最終原稿完成
1月
修士論文提出

Ⅰ 文献をまとめる形の論文作成のための28の作業プロセス

第1部で詳述した「文献をまとめる形の論文」作成の28の作業プロセスは以下のとおりでした。

(1) スタート:1つの文献を読んで,テーマと第1次目次を書く(3月1日〜31日)

① テーマ探し:書きたいものを見つける
② テーマ探しと文献探しは同時:文献なしでは論文は書けない
③ まず1つの文献を読んで,第1次目次を作る:目次を作れば次に読む文献を探せる
④ 目次をA4用紙1枚に書き,机の前に貼っておく:ひらめき

⑤　作業が進んでいくと目次が変わり，修正した目次を貼る：目次修正は成長のあかし

（２）　二合目：文献を読んで，書く（４月１日〜30日）

⑥　文献を通学電車の中で半時間読む：文献を読むことから始まる

⑦　読んだ文献をその日のうちに文章にする：今日読んだ文献は明日には忘れる

⑧　文献を毎日読み，その日のうちに文章にする：読み慣れ，書き慣れ

（３）　三合目：論文のパーツ作りと第２次目次作成（５月１日〜６月30日）

⑨　Ａ４用紙半分程度に，小見出しをつけて文章にする：小見出し

⑩　再度同じ文献を読むことがないように，１つひとつの文章を完成原稿にする：時間が経過すれば書き上げた文章を忘れてしまう

⑪　キーペーパーを見つける：「何について書きたいのか，何を明らかにしたいのか」を明確に意識する

⑫　キーペーパーを完読する：脚注も含めて，すべてを読み，理解する

⑬　１本のキーペーパーを１つの章のベースにする：キーペーパーなしでは章は書けない

⑭　３章立てで，合計20本の文献を読むとすれば，そのうち３本がキーペーパー，残り17本が関連文献：第２次目次の作成（３本のキーペーパーで３つの章のタイトルつくり）

(4) 五合目：さらに文献を読んで，書く（7月1日～8月31日）

⑮ 全体の3分の1くらいの枚数の原稿を書き上げれば，小見出し付きの目次を作る：完全目次への前進

⑯ 小見出し付きの目次を見て，先行研究のサーベイを再度行う：さらに何を読むかの確認

⑰ 先行研究文献をキーワードを3つ付けて，刊行の古いものから新しいものへ並べた一覧表を作る：文献と検討課題の整理

⑱ さらに文献を読み，A4用紙半分程度に，小見出しをつけて文章にする：作業の続行

⑲ 文献をサーベイした章・節を書く：論点ごとに，論争の形で書く

(5) 七合目：論文の骨組み完成（9月1日～10月31日）

⑳ 全体の枚数の原稿を書き上げれば，小見出し付きの目次を作る：完全目次へのさらなる前進

㉑ 小見出しを見て，整理し，章，節のタイトルをつける：章，節のタイトルを書く

㉒ 「序論」，「結論」を書く：主題について考える

(6) 九合目：論文の第1，2，3次草稿完成（11月1日～30日）

㉓ 「A4用紙半分程度に，小見出しをつけて文章にしたもの」を目次に合わせて，一挙に並べる：論文の第1次草稿完成

㉔ 論文の第1次草稿を2回読み返して，論文の論理一貫性をチェックする：論文の内容を手直して，第2次草稿完成

㉕ 論文の第2次草稿を2回読み返して，論文の文章，誤字脱字を訂正する：論文の形式を手直して，第3次草稿完成

（7） ゴール：論文の最終原稿完成（12月1日〜31日）

㉖ 図表の整理，貼り付け

㉗ 参考文献の作成

㉘ 論文タイトルの決定

II 実証研究を主とする論文作成のための27の作業プロセス

実証研究を主とする卒業論文・修士論文は次の順番で書けばよいでしょう。

（1）「卒論・修論を書く」のスタート：実証の文献を読んで，テーマと第1次目次を書く

① テーマ探し：書きたいものを見つける

② テーマ探しと文献探しは同時：文献なしでは論文は書けない

③ まず1つの実証の文献をしっかり読んで，第1次目次を作る：目次を作れば次に読む文献を探せる

④ 目次をA4用紙1枚に書き，机の前に貼っておく：ひらめき

⑤ 作業が進んでいくと目次が変わり，修正した目次を貼る：目次修正は成長のあかし

これらの5つの作業は「文献をまとめる形の論文」作成プロセスと基本的には同じです。「理論なき実証は邪道である」と言われ，「何について書きたいのか，何を明らかにしたいのか」が決まったのち，理論の文献を読んでから実証の文献を読むというのが正道で

す。しかし，卒論・修論をスピーディーに作成するときは，頭から順番どおりに書いていくのではなく，「何について書きたいのか，何を明らかにしたいのか」の本丸から始めるほうが読みやすいし，書きやすいでしょう。「実証研究を主とする論文」の本丸は実証であり，まず「何について書きたいのか，何を明らかにしたいのか」で意識した1本の実証論文をしっかり読んで，第1次目次を作りましょう。目次を作れば次に読む文献（理論の文献，実証の文献）を探せるでしょう。

(2)　「卒論・修論を書く」の二合目：文献を読んで，書く

⑥　文献を通学電車の中で半時間読む：文献を読むことから始まる

⑦　読んだ文献をその日のうちに文章にする：今日読んだ文献は明日には忘れる

⑧　文献を毎日読み，その日のうちに文章にする：読み慣れ，書き慣れ

⑨　Ａ４用紙半分程度に，小見出しをつけて文章にする：小見出し

⑩　再度同じ文献を読むことがないように，1つひとつの文章を完成原稿にする：時間が経過すれば書き上げた文章を忘れてしまう

　これらの5つの作業は「文献をまとめる形の論文」作成プロセスの二合目と三合目前半と基本的には同じです。これらの作業はパソコンなどを使って実証研究をスタートする前の「文献を読んで，書く」という準備作業です。第1次目次を作成したのち，論点を絞りながらも，問題設定・検討課題を上・下，左・右に広げるために関連文献（理論の文献，実証の文献）を読んで，書きましょう。

（3）「卒論・修論を書く」の三合目：実証研究のスタート

⑪ 実証研究のためのキーペーパーを見つける：どんな実証研究を行うのか

⑫ キーペーパーを完読する：脚注も含めて，すべてを読み，理解する

⑬ キーペーパーを参考にしてデータを収集し，加工する：データの収集・加工

⑭ データを用いて実証分析（回帰分析など）を行う：実証分析の第1次結果

これらの4つの作業のうち⑬，⑭は「文献をまとめる形の論文」作成プロセスとはまったく異なるものです。「実証研究を主とする論文」の本丸は実証であり，「どんな実証研究を行いたいのか，何を明らかにしたいのか」と文献探しはワンセットであり，まずは実証研究のための1本のキーペーパーを見つけ，ていねいに読むことから始めましょう。そして，どんなデータ（時系列データ，クロスセクションデータ，パネルデータなど），どんな方法（単純回帰モデル，重回帰モデル，連立方程式モデルなど），どんな被説明変数・説明変数を用いて，いかなる実証結果を得ているのかをきちんとまとめておきましょう。

ここで，「型，型破り，型なし」といったことの区別を強調しておきたいと思います。「型」は実証研究のために見つけた1本のキーペーパーの中で取り上げられているデータ，方法，被説明変数・説明変数のことです。「型」は標準であり，模範です。まずはキーペーパーの中で取り上げられているデータ，方法，被説明変

数・説明変数とほぼ同じものを用いて，類似の実証分析を行いましょう。これで実証研究の「型」を修得できます。次に，「型（標準）」を踏まえたうえで，最新のデータ，異なった方法，あるいは／および異なった被説明変数・説明変数を用いて，新たに実証分析を行いましょう。これは「型やぶり（応用）」であり，データ，方法，被説明変数・説明変数のいずれか，あるいはすべてを拡張・修正して行った「型（標準）」の変形（応用）です。キーペーパー（型）を理解しないで，実証分析を行うことは「型なし」です。「型（標準）」を修得してこそ「型やぶり（応用）」ができるのであり，「型（標準）」を学ぶことなしに応用を行うことは「型なし」になってしまいます。「実証研究のスタート」は実証研究のために見つけた１本のキーペーパー（型）の模倣から始まります。

（４）「卒論・修論を書く」の五合目：実証研究の第１次結果を踏まえてさらに文献を読んで，書く

⑮ 実証研究の第１次結果をまとめる：実証研究の第１次結果を書く

⑯ 実証研究の第１次結果を踏まえて，先行研究のサーベイを再度行う：さらに何を読むかの確認

⑰ 先行研究を踏まえて，実証研究の第１次結果を検討し，必要ならば実証研究をやり直す：実証研究の第２次結果

⑱ 先行研究に照らして，実証研究の第２次結果の立ち位置（何が同じで，何が異なるのか）を明らかにする：何を，どのようにして明らかにしたのかを書く

これらの４つの作業は「文献をまとめる形の論文」作成プロセス

とは異なるものです。「文献をまとめる形の論文」作成では,「さらに文献を読んで,書く」が五合目からの作業の中心であったが,「実証研究を主とする論文」の作成では,「実証研究の第1次結果を踏まえてさらに文献を読んで,書く」が中心であり,先行研究を踏まえて,実証研究の第1次結果を検討し,結果に問題があれば,実証研究をやり直す必要があります。つまり,1回目の実証研究の結果→先行研究を読んで,実証研究の結果の検討→2回目の実証研究の結果→先行研究を読んで,実証研究の結果の検討→3回目の実証研究の結果→先行研究を読んで,実証研究の結果の検討・・・です。そして,先行研究との差別化をはかりながら,実証研究で何を,どのようにして明らかにしたのかを書きましょう。

(5)「卒論・修論を書く」の七合目：論文の骨組み完成

⑲ 全体の枚数の原稿を書き上げれば,小見出し付きの目次を作る：完全目次へのさらなる前進

⑳ 小見出しを見て,整理し,章,節のタイトルをつける：章,節のタイトルを書く

㉑ 「序論」,「結論」を書く：主題について考える

これらの3つの作業は「文献をまとめる形の論文」作成プロセスとまったく同じです。

(6)「卒論・修論を書く」の九合目：論文の第1,2,3次草稿完成

㉒ 「Ａ4用紙半分程度に,小見出しをつけて文章にしたもの」を目次に合わせて,一挙に並べる：論文の第1次草稿完成

㉓ 論文の第1次草稿を2回読み返して,論文の論理一貫性を

第2部◆次の順番で卒論・修論を書く：文献をまとめる形の論文 vs. 実証研究を主とする論文

チェックする：論文の内容を手直して，第2次草稿完成
㉔ 論文の第2次草稿を2回読み返して，論文の文章，誤字脱字を訂正する：論文の形式を手直して，第3次草稿完成

これらの3つの作業は「文献をまとめる形の論文」作成プロセスとまったく同じです。

(7)「卒論・修論を書く」のゴール：論文の最終原稿完成
㉕ 図表の整理，貼り付け
㉖ 参考文献の作成
㉗ 論文タイトルの決定

これらの3つの作業は「文献をまとめる形の論文」作成プロセスとまったく同じです。

第3部
卒論・修論作成の心得と決まりごと

【卒業論文・修士論文の体裁】

論文内容の骨組みはしっかりとしていなければなりませんが、論文の体裁を整えることも必要です。体裁を整えていないと、卒論・修論として受理されないでしょう。次のものを備えていることが「論文の体裁」です。

① 標題（論文の題名）
② 執筆者名
③ 目次
④ 摘要（あるいは要約）
⑤ 本文（「序論」、「本論」、「結論」）
⑥ 注
⑦ 付録
⑧ 参考文献

I 文章を書く

1 文章作成の心得
【文章作成の3つの心得】
　文章作成の心得は，次の3つです。
① 文章を書く習慣を身につける。
② 文章を正確に書く。
③ 文章の無駄を削る。

【読み手を意識して書く】
　文章は，読み手を意識して書かなければなりません。日記はそうでないかもしれませんが，文章は，自分の考えや気持ちを表現することだけを目的として書くものではなく，相手に理解してもらい，納得してもらうために書くものです。

2 正確な文章を書くための練習
【正確な文章を書くための8つの注意】
　正確な文章を書くために，どのような練習を行えばよいのでしょうか。差し当たり，次の8つのことに気をつけて，練習しましょう。
① 文章を書き慣れましょう
　「継続は力なり」です。文章を書き慣れることがもっとも大事です。毎日書き続けることができる分量だけを書くようにしましょう。たくさん書こうとすると続きません。まずは，800字（A4用紙半

分）くらいを，見出しつきで書くようにしましょう。

② 短い文章を書きましょう

ダラダラと続く文章はわかりにくいし，また，訴えるパワーも弱くなります。どの語がどの語を修飾しているのかがはっきり分かる短い文章を書きましょう。

③ 見出しだけから短い文章の順序を入れ替えて，長い文章を作りましょう

いくつかの短い文章が出来上がれば，見出しだけを見ながら，短い文章の順序を入れ替え，論理的につながりが良い長い文章を作りましょう。

④ 言葉の意味を正確にとらえましょう

みなさんは外国語については実に丹念に辞書を引いています。言葉の意味を正確にとらえるために，日本語についても国語事典にあたりましょう。

⑤ 勝手に新しい言葉を作ってはいけません

文章は相手に読んでもらうものです。相手にわかるはずのない新造語を使わないようにしましょう。新しい言葉を作る必要があるときは，その旨を説明したうえで，新造語を使いましょう。

⑥ 主語と述語の関係を正確に書きましょう

まず一度は主語を必ず入れて書いてみることです。つまり，「誰が」「何が」という問いに対する答えを必ず用意した文章を一度書いてみることです。書き上げた文章を読んでみると煩わしい感じがするでしょう。どこで煩わしい感じがするかを考えてみると，繰り返された主語のせいではないかと思います。始めは，すべて主語付

きの文章を書き，後で煩わしい感じがする主語を削っていく練習をしましょう。

⑦　なるべく修飾語や比喩などを使わないで文章を書きましょう

　修飾語や比喩などを使いたいのであれば，まず修飾語・比喩なしの論文を書き，後で修飾語・比喩を付け加えるようにしましょう。

⑧　重複を避けるようにしましょう

　「同じ語」，「同じ言い回し」，「類似の音」を避けるようにしましょう。文章を書いたあとは，必ず文章全体を通読して，この種の問題をチェックしましょう。

3　わかりやすい，首尾一貫した文章を書く

【「わかりやすい文章」】

　卒論・修論では，わかりやすい，首尾一貫した文章を書かねばなりません。「わかりやすい文章」とは，読み手の立場に立った平易で，簡潔な文章のことです。わかりやすい文章を書くためには，日頃からたくさんの学術論文を読み，わかりやすい手法と構成をまねることから始めるのが効率的です。

【「首尾一貫した文章」】

　「首尾一貫した文章」を書くためには，「論文の筋道は通っているのか」，「論文の形式は整っているのか」の2点に留意する必要があります。卒論・修論の形式（仮表紙，扉，目次，まえがき又は序章など，本文，あとがき又は終章など，参考文献の順番で綴じることなど）については，各大学の学部・大学院が作成している「作成要

領」を見れば分かると思います。「論文の筋道は通っているのか」については，卒論・修論は，「主張」を論理一貫，筋道を立てて説明していく形をとらなければなりません。つまり，意見や主張を結論として述べなければならず，そして結論を導き出すための論理的筋道が分からなくてはなりません。筋道がはっきりして，初めて他の人を納得させることができますし，また，意見を異にする人との議論が可能になるでしょう。

II 卒論・修論を書く心得

1 学術論文作成の心得
【論文は受け身の態度では書けません】

「論文を書く」という作業は精神の集中力と持続力を必要とします。読書や講義では受け身の態度は許されますが，論文は受け身の態度では書けません。論文は能動的に取り組まなければ書けません。論文の生命はあくまでも研究そのものであり，「書く技術」あって「書く内容（研究）」なしでは，良い論文とは言えません。

【学術論文作成の5つの心得】

「学術論文」は，みなさんの行った研究結果を報告し，みなさんの意見を論述したものであり，それによってその学問分野に新知見をもたらすものでなければなりません。学術論文を作成するうえで，次の5つのことを心掛けましょう。

① 研究は「疑問」から生まれます

　学術論文は疑問から生まれるので、まず「疑問」をもつようにしましょう。ある疑問は、これまでの先学たちの研究蓄積を読むことによって解決されるかもしれません。また、ある疑問は、まさに学界の核心的問題であり、何を読んでも解決に至らないかもしれません。たくさんのことを知っている人は「博学」と呼ばれていますが、学術論文を書くうえで、みなさんは「博学」である必要はありません。博学であることは研究者としてのみならず、教育者として望ましいことですが、みなさんは「専門バカ」であることが許されるように思います。「他の問題についてはまったくの素人であるが、この問題については指導教員よりも、さらには学界の誰よりも詳しい」と言えるほどであって欲しいものです。単なる「物知り」だけでは研究はできません。疑問があればこそ、「調べてみよう」、「考えてみよう」ということになり、研究が始まるのです。

② 関連文献をたくさん、ていねいに読む

　「疑問があればこそ、『調べてみよう』」と言いましたが、何を、どの程度調べればよいのでしょうか。1本の学術論文を仕上げるために、何冊・何本の文献を読まなければならないのでしょうか。答えは、たんに何冊・何本といった文献の量ではなく、当該テーマについての必読文献を読みこなしているかどうかです。では、何が当該テーマについての基本文献なのでしょうか。みなさんには、関連分野の文献目録を徹底的に調べることが要求されます。関連文献を時間の経過で整理し、「1つの問題について、どのように議論が展開してきたのか」、「どのような問題が取り上げられてきたのか」を

一覧表にしておけば，これから読むであろう文献の位置付けがはっきりし，「いま全体のどこを書いているのか」，「これからどのように書いていけばよいのか」が分かるようになります。

③　すでに達成されているものを超えるようにしましょう

「ある疑問は，これまでの先学たちの研究蓄積を読むことによって解決されるかもしれません。また，ある疑問は，まさに学界の核心的問題であり，何を読んでも解決に至らないかもしれません」と言いましたが，みなさんの疑問がオリジナルであることはむしろ稀で，みなさんの疑問は他の人も同様に抱き，その人はすでに学術論文を書いていることのほうが一般的でしょう。さあ，このとき，みなさんは先学の学術論文にどう向き合えばよいのでしょうか。先学たちとの「テーマの類似性」を心配する必要はありません。同じテーマに取り組めばよいのですが，先学の学術論文をテキストとして学ぶだけでは，研究は始まりません。みなさんが先学の研究から一歩も出ないのであれば，新たに学術論文を書く必要はないでしょう。すでに達成されている先学たちの研究業績を超えようとするところに，論文作成のモティベーションがあります。みなさんの研究は新知見をもたらすものでなければなりません。みなさんが論文を書き上げたあと，審査委員から必ず聞かれることは「あなたの研究の付加価値は何ですか」，「あなたの論文の貢献は何ですか」です。

④　論じたい問題が5つあれば，論文を5つ書きましょう

ページ数が多いという意味で，大論文を書く人がいます。その努力は立派なものですし，それを書いた本人も力作と思っているでしょう。しかし，多くの場合，論点が多岐にわたって，一体，何を

主張したいのか分からない、ダラダラした「主題なし論文」になっています。もし論じたい問題が5つあれば、1本の大論文の中にすべてを詰め込むのではなく、それぞれの問題を扱った5つの小論文を書きましょう。

　学術論文は、みなさんの主張を、その根拠を科学的に示しながら記述するものです。ですから、結論に関係のない事柄はできるだけ削除して論述を進めることが大切です。ページ数が多くなるのは、調べたこと、知ったことのすべてを盛り込もうとするからです。みなさんが一所懸命勉強して新知識を得れば得るほど、それらを書きたいのは人情でしょうが、みなさんにとっては新知識であっても、読み手には旧知識であるかもしれません。初めて論文を書く場合など、どこを削ってよいか分からないし、また、どこも削りたくない、という感じを抱くでしょう。そのような場合には、指導教員に読んでもらうことです。信頼できる他人の眼で見てもらえれば、みなさんではどこも削るべきではないと思っていても、削るべき部分が意外に多いことが分かります。「割愛」とは惜しみながら削ることであり、ページ数を何ページと制限した上で、その枠の中で論旨をまとめるように練習しましょう。

⑤　研究成果を「正しく書く」

　「学術論文は研究成果の内容が根本であって、文章作成の技術は二の次である」と言われますが、研究成果を「正しく書く」ことは、その説得性をさらに高めるでしょう。学術論文を論理的表現にするためには、形容詞あるいは修飾語を除いた形で文章を書きましょう。

2　次のような論文を書いてはいけません
【こんな論文は学術論文ではありません】

　卒論・修論は「学術論文」と呼ばれています。「1本の論文を何をもって学術論文と呼ぶのか」,「どのような学術論文を書けばよいのか」を説明する前に,逆に,「どういうものは学術論文ではないのか」,「学術論文として書いてはいけない論文とはどのようなものなのか」を紹介しましょう。

　「学術論文」,つまり卒論・修論とは言えないものは,以下のようなものであり,みなさんはそのような論文を書いてはいけません。

① 　たまたま見つけた1冊の本や1本の論文だけを要約したものは学術論文ではありません

② 　他人の説を検討することなく,たんに紹介したものは学術論文ではありません

　他人の説をたんに紹介したものは「よく勉強しました」と言われて,答案としては許されるかもしれませんが,学術論文とは言えません。他人の説を批判的に検討し,異なる結果を得るのでなければ,学術論文ではありません。ただし,検討の結果,他人の説と同様の結論に達したとしても,検討の手続きがみなさんそれぞれのonly oneであれば,他人の説を証明するという形の学術論文になります。

③ 　引用文を並べただけでは学術論文ではありません

　引用文の並べ方がいかに巧みであるとしても,引用文を並べただけでは学術論文ではありません。

④ 単なる思いつきや私的な感想だけでは学術論文ではありません

　学術論文には，結論を導き出すための科学的論証が必要です。新しい着想や直感的な印象は研究上重要なものですが，それだけでは学術論文になりません。新しい着想などが論証されて，はじめて学術論文と呼ばれるようになります。

⑤ 他人の業績を無断で使ったものは剽窃であって，学術論文ではありません

　公刊されたものであれ，未公刊のものであれ，他人の業績をあたかも自己の説であるかのように使うことはルール違反です。誰が初めに「或る説」を唱えたかという優先権を尊重することは研究上のルールです。他人の研究成果はもちろん共有財産ですが，その研究成果を利用するときは，その旨を明らかにしなければなりません。

【卒業論文・修士論文の「学術性」】

　卒論・修論作成の学術性に関しては，次の4つを挙げることができます。
① 文献，とりわけ外国語文献を正しく読みこなす。
② 外国語で書かれていようが，数式で書かれていようが，文献の内容を正確に理解する。
③ 文献の内容が正しいか，誤っているかを判定する。
④ 文献の内容を歪めないで，論文作成に利用する。

　卒論・修論執筆の学術性に関しては，次の3つを挙げることができます。
① 概念の規定（用語法）は首尾一貫している。

② 論理展開に矛盾はない。
③ 分からない個所を妙にとりつくろって分かったように書かない。分からないことを分からないと率直に書く。

3　良い論文を作成するためには
【良い論文を作成するための7つの注意】

はじめから細かいところを気にしていると、なかなか書けませんので、まずは一気に書き上げ、そのあとで、以下のポイントに、気をつけて手直しをすればよいでしょう。

① テーマ

テーマは具体的な小さいものでなければなりません。テーマは狭く、しかもその研究が奥深い問題に連なるようなものを選びましょう。

② 書き出し

全体の構成を考えた上で、小さいテーマにふさわしく明快に書き始めなくてはいけません。読み手を論文に引き込むような工夫が必要です。

③ 展開の仕方

本論は、内容の上でも書き出し（序論）を受けるものでなければなりません。また、文章の結び（結論）は、論述の展開から必然的に導き出されるものでなければなりません。あれこれ余計な論点を取り上げて、論述の展開を混乱させてはいけません。話の筋は一本に絞りましょう。

④ 展開の順序

事実や論点は順序よく配列されていなければなりません。順序は，時間的順序，論理的順序のいずれかでしょう。議論が飛躍することのないように展開します。

⑤ 結び（結論）

結論を簡潔・明瞭に書くことが，論文ではとくに重要です。そして，結論と書き出し（序論）や展開（本論）との連関が明確でなければなりません。

⑥ 引用

長い引用文は不必要です。というのは，あまりに長い引用は論述の流れを悪くし，全体に冗漫な印象を与えてしまうからです。むしろ，短い引用文であっても，引用すべき文の要旨をみなさん流の文体に書き直して，論文の中に織り込むような引用の方が読みやすいかもしれません。このときは，引用された説であることを明示するために，出所・出典を明記しなければいけません。ただし，資料紹介という意味で長い原文を引用するための文章であるならば，長い引用もやむを得ないでしょう。

⑦ 注

論文に大量注をつけると，どちらが本文で，どちらが注か分からなくなってしまいます。注は必要最小限にとどめることが大切です。

4 論文の構成：「序論」，「本論」，「結論」

【論述には秩序がなければなりません】

学術論文（卒論・修論）の構成には，何らかの「筋」がなければなりません。論文は内容の真理性によって評価されるべきものであり，学術的内容を読み手に伝えるためには，論述に秩序がなければなりません。つまり，その論文で何が言いたいのか，それをどのように論証しているのかが読み手に論理的に理解してもらえるように秩序だてて書くようにしましょう。

【論文の構成：「序論」，「本論」，「結論」】

論文は「序論」，「本論」，「結論」の3つの構成要素からなっているのが普通ですが，研究が進行していく中で，論文の構成はたえず修正を加えられるでしょう。例えば，極端なことを言えば，序論を書いていると長くなり過ぎて，それだけを1本の論文（1つの章）としてまとめることになることもあります。

論文は「序論」，「本論」，「結論」の3つの構成要素からなっています。論文の中で，章・節の見出しとして「序論」，「結論」を付けることはあっても，「本論」と付けることはありません。本論は，テーマに即したそれぞれの「見出し」が付けられた，いくつかの章・節からなっています。

自然科学の分野の論文では，「材料と手続き・方法」，「結果」，「考察」というパターンで構成されていますが，このパターンは人文科学・社会科学の分野でも用いることができるでしょう。

① 材料と手続き・方法

どのような材料（調査・質問・文献の吟味）を，どのような仕方で処理したかを述べます。

② 結果

材料を処理した結果を説明します。場合によっては，文章による以外に，図表などで表す方が適当であるかもしれません。

③ 考察

研究の結果を考察して，従来の諸説とどのように違うのか，どの点がみなさんの発見した新しいところであるのか，さらにどのような問題が新たに提起されたのか，みなさんの研究が残した問題はどの点か，などを論じます。「考察」は論文のもっとも核心的な部分です。

Ⅲ　卒論・修論を完成品にするための決まりごと

1　引用文

【引用の心得】

原文の意味を歪めるような引用をしてはいけません。たとえば，原文が「デメリットがあるが，メリットもある」として後半で肯定の意味を表しているのに，「デメリットがある」という前半しか引用しないとすれば，原文の意味を歪めることになります。

【引用文の表記】

引用文の表記については，次の3点を注意しましょう。

① 引用文はあくまでも原文通りが原則です。引用そのものを勝手に現代表記に改めることは，解釈の不当な現代化です。

② しばしば，原著者の誤りではないかと思われる個所につき当たることがあります。例えば「大正4年」と書くべきところを「太正4年」と書いてあれば，明らかに誤りですが，このような文章を引用するときには，「太正4年」と引用し，その字の上に「ママ」と記します。勝手に訂正して引用してはいけません。

③ 原文に「かの偉大な経済学者は・・・・・」とある場合，これを引用するときには，そのまま書かなければなりません。その偉大な経済学者がケインズであることに間違いないと思うならば，[ ]（キッコー）をつけて，「かの偉大な経済学者[ケインズ]は・・・・・」と書かなければなりません。[ ]は引用者が補ったという意味です。この場合，( )（パーレン）を使ってはいけません。というのは，( )は原文そのものの中に使われることが多いからです。

【引用文中の省略】

文章を引用する場合に，ある個所は省略したいことがしばしばあります。

「[前略] AはBであってCではないとみなされてきた。[中略] CがDであることが論証された現在，AとCとの関係も再検討する必要が生じている。[後略]」

このように引用したいときには，この［前略］［後略］は不必要です。［中略］だけを指示すればよいでしょう。あるいは，

　「ＡはＢであってＣではないとみなされてきた。［・・・・・］ＣがＤであることが論証された現在，ＡとＣとの関係も再検討する必要が生じている。」

と書いてもよいでしょう。「・・・・・」とすれば，もともとの文章が省略されていたものと誤解されかねないので，みなさんが省略したのであって，もともとの文章が省略されていたのではないことを明示するためには，［　］をつけて「［・・・・・］」としなければならないかもしれません。しかし，「［・・・・・］」は一般に慣用とはされていないようですから，「・・・・・」と書いて，文章中のどこかで「・・・・・」が筆者による省略の記号であることを断っておきましょう。あるいは，

　「ＡはＢであってＣではないとみなされてきた」が「ＣがＤであることが論証された現在，ＡとＣとの関係も再検討する必要が生じている」と言われる。

という具合に，論文そのものに織り込んで書いた方が文章の流れがよくなるかもしれません。

【引用文（原文）は改行されているのに，論文では改行できないとき】

　引用文（原文）は改行されているのに，字数（スペース）の制限などの理由により，論文では改行できないときは，改行の頭に「／」を付けます。例えば，引用文（原文）が，

学びて時に之を学ふ，亦説ばしからずや。
　朋有り遠方より来る，亦楽しからずや。
　人知らずして慍みず，亦君子ならずや。
であるとき，
　「学びて時に之を学ふ，亦説ばしからずや。／朋有り遠方より来る，亦楽しからずや。／人知らずして慍みず，亦君子ならずや。」（『論語』）
のようにします。

2　論文の2つの「注」

【論文の2つの「注」：「説明のための注」と「引用の出所ないし出典の注」】

　論文の価値は，その論文に書かれている研究手続きと結論によって決まります。「注」は，研究手続きを表現するための1つの形式です。みなさんは「注」をどの程度，どこに，どのように書けばよいのか悩むことがあるかもしれませんが，「注」の存在理由をあらためて考えてみましょう。

　学術論文の「注」は，本文に書いてしまうと，どれが本線の議論か，どれが支線の議論かが分からなくなってしまわないように，論述の流れをよくするためのものです。「注」には，2つのタイプ，すなわち「説明のための注」と「引用の出所ないし出典の注」があります。

【説明のための注：「幹・本流」と「枝葉・支流」】

　本文の展開を１つの幹にたとえるならば，枝葉であるような副次的な論点が生まれてくることがあります。あるいは，本文の展開を１つの本流にたとえるならば，支流であるような副次的な論点がいくつか生まれてくることがあります。

　Aを幹・本流，B，Cを枝葉・支流とするならば，本文でA，B，Cを同程度に論述すると，読み手は何が主題（中心論点）であるのかが分からなくなります。このときは，本文ではAを詳細に，B，Cを簡単に説明し，B，Cのやや詳細な説明は「説明のための注」に委ねればよいでしょう。

　ただし，「説明のための注」が大きくなりすぎて，本文とのバランスを失わないようにしなければなりません。また，説明のための注とは反対に「論証を省略するための注」もあります。

【「説明のための注」作成の心得】

　分かりきった事柄に「注」を付けることは控えなければなりませんが，反対に，分かりづらい事柄であるにもかかわらず，「注」なしということにならないようにしましょう。「注」がなぜ必要であるかを考え抜いた上で，必要なものは落とさずに書き，不必要なものは削除する心構えがまず求められます。

　注を書くときには，次の２点に注意しましょう。
① 　引用文が短ければ，本文の中に「　」をつけて織り込み，注にはその出所だけを書きましょう。引用文が長く，本文の論述の流れを妨げるようであれば，その引用文全体を注に回し，その注の

後に（　）を付けて，その中に出所・出典を書きましょう。
② 本文中に「注」をつけるときは，1，2，(1)，(2)などの番号や，※（米印），＊（アステリスク），†（ダガー）などのマークを付けますが，注の数が多い場合には番号を用いた方がよいでしょう。

3　引用の出所ないし出典の注
【引用の出所ないし出典の注】

　論文の中に他人の文章を引用する場合には，その出所ないし出典を明記しなければいけません。また，直接に引用しない場合にも，「私の見解はこうである」，「他人の見解はこうである」とはっきり区別をして，論述しなければいけません。このときも，他人の見解の個所については，その出所ないし出典を注として明記しなければいけません。というのは，他人の研究成果をあたかも自分が発見したことのように書くことは盗作や剽窃になるからです。卒業論文・修士論文における剽窃（盗作）事件は退学処分の対象になりえるので，要注意です。最近は剽窃チェック・ソフトも出来ていて，レポートに対しても剽窃チェックがなされ，各大学はきびしく指導するようになっています。剽窃は他人の知的財産を泥棒するといった犯罪であることを肝に銘じるようにしましょう。

【「引用の出所ないし出典の注」作成の2つの心得】
① 「注」を作成するときは孫引きはいけません

　太郎の書いた本が，ケインズ『一般理論』からAを引用していたとしましょう。「孫引き」とは，ケインズ『一般理論』にAが書か

れていることを確かめることなく，太郎の書いた本から「ケインズ『一般理論』はＡと言っていた」との引用文を作成することです。この場合，太郎が，ケインズ『一般理論』からＡを正しく引用したという保証はないので，ケインズ『一般理論』に直接あたらなければなりません。

　場合によっては，原文にあたることができないことがあるかもしれませんが，そのときは「孫引き」であることを明記して引用しなければいけません。では，翻訳文からの引用はいかがでしょうか。翻訳自体が誤っていないという保証はないので，原典にあたって内容を確かめる作業は必要です。

② 　常識的な事柄については出所を注記する必要はありません

　誰でも知っている常識的な事柄や，現在の学問水準で自明とされている知識についてまで，その出所・出典を注記する必要はありません。特別の理由がない限り，あるいは内容が独創的な業績として学界で知られていない限り，概説書や教科書を注記してはいけません。

4　卒論・修論の体裁
【体裁を整えていないと，学術論文として受理されません】

　「序論」，「本論」，「結論」を骨とすれば，それに肉をつけるものが「学術論文の体裁」です。論文内容の骨組みはしっかりとしていなければなりませんが，論文の体裁を整えることも必要です。体裁を整えていないと，卒論・修論として受理されないでしょう。

第3部◆卒論・修論作成の心得と決まりごと

【卒論・修論の体裁とは】

次のものを備えていることが「論文の体裁」です。

(1) 標題（論文の題）

論文の標題に「主題名」と「副題名」がある場合は，両者とも書きます。

(2) 執筆者名

論文が共同研究の成果である場合は，執筆者全員の名を書きます。

(3) はしがき（あるいは「まえがき」，「緒言」）

1冊の本や，かなり大きい分量の論文（400字×100枚以上）の場合につけられます。普通の長さの論文では「はしがき」はつけないほうがよいでしょう。「はしがき」では，指導や助言を受けた先生や資料の入手・閲覧にとくに便宜を与えてくれた人，調査に協力してくれた人などに対する謝辞を書きます。あるいは，執筆者が複数であるとき，その分担を明記します。

(4) 目次

「はしがき」の次に，別のページとして「目次」を書きます。目次は，読み手に論文の構成を予め知らせておくために必要なもので，読み手が目次によって，論文の内容について予想することができ，また章の間の関係を知ることができるようなものでなければなりません。目次にどの程度の段階までの見出し（編，章，節，項など）を書くべきかは，論文の分量や内容によって異なりますが，400字で50枚から100枚程度の論文であれば，章・節を書くだけでよいでしょう。「はしがき」や「摘要」，「付録」，「補論」，「文献目録」などのある場合はそれも目次に書いておきます。

(5) 摘要（あるいは要約・梗概）

「摘要」は論文の要点またはあらすじを短くまとめたもので，400字1枚以内程度でまとめなければなりません。「摘要」は論文全体の最初の方（目次の前か後）に置かれる場合と，最後に置かれる場合があります。

(6) 本文

論文の本文は，「序論」，「本論」，「結論」の3つの要素から構成されます。構成の仕方と論述の順序を読み手に明確にわかってもらうために，編・章・節・項などの段落に分け，それぞれに内容が分かる「見出し」をつける必要があります。「章」・「節」を必ずしも第一章とか第一節とか表記しないで，章についてはローマ数字（Ⅰ，Ⅱなど），節についてはアラビア数字（1，2など），その下の項については漢字（一，二など）や片仮名（イ，ロ，ハなど）やアルファベット（A，Bなど）を使うことも簡潔な印象を与えます。

① 編

本や，かなりの分量のある論文の場合，「編」を使うことがありますが，400字で50枚から200枚程度の論文では「編」を使うのは仰々しくなるので，用いないようにしましょう。

② 章

全体を何章に分けるかは論文の分量や構成の仕方によって一概に言えませんが，各章のページ数があまり不均衡にならないようにしましょう。

③ 節

「節」は「章」より小さい区分ですが,「章」と違って必ずなければならない区分ではありません。各章での節の数があまり不均衡にならないようにしましょう。

④ 項

「項」は「節」よりさらに小さい区分ですが,「項」は見出しの言葉だけで十分です。

(7) 注

注の中で「後注」と呼ばれるものは,各章や各節の後,あるいは本文全体の後に一括して並べるものです。これを各章・各節の後にもってくるか,全体の最後にもってくるかは決まっていません。

(8) 付録

数値による論証を必要としたり,本文の説明を補ったりするために数表・図表などが必要になることがあります。それが1ページに収まりきらないような場合,付録として本文とは別に掲げた方がよいでしょう。付録には簡潔な題をつけ,付録が2つ以上ある場合には付録Ⅰ,付録Ⅱのように番号をつけておきましょう。

(9) 文献目録（参考文献）

文献目録（参考文献）は論文の最後に置いたり,論文の各章ごとに置いたりします。論文を作成するために参考とした文献名を列挙するのですが,参照したが本文中で直接引用しなかった文献を含めて掲げるようにしましょう。文献をどのように列挙するかはテーマの性質や論文の内容によって一様ではありませんが,著者名の五十音順・アルファベット順で配列するだけで十分な場合もありますし,

文献の刊行年の順で配列しなければならないこともあります。卒論・修論がある文献を参考にして書かれているにもかかわらず，その文献が参考文献に列挙されていないときは，「あたかも他人の業績を自らの業績のように見せかけている」とみなされ，それは「剽窃（盗作）」行為と呼ばれ，退学処分の対象になることがあるので，要注意です。

第4部
卒論・修論の注意事項と添削例

I 卒論・修論作成の注意事項

ゼミ生から次のような質問を受けます。以下，質問をQ，回答をAと書きます。

Q1 いつ提出すればよいのでしょうか。
A1 各大学には卒業論文・修士論文の作成要領があるはずです。作成要領に「提出期限　平成27年1月20日（月）　17時　厳守」と書かれてあったとしましょう。卒論・修論の作成というのは，「所定の書式」で，「所定の期限までに」提出するということです。みなさんが卒論・修論を提出したときには，教務係で，その論文が「所定の書式」で書かれているかどうかチェックされます。「所定の書式」で書かれていないときは書き直しということになります。

もしみなさんが1月20日17時直前に提出し，書き直しを求められたときは，間に合いません。私は「できれば，前日，遅くても午前中に提出しましょう」と指導しています。

　論文の内容こそが重要であって，「書式」はたいした問題ではないと言いたいかもしれません。しかし，卒論・修論は社会へ出ていくときの最終試験であり，「決まりごと」をきちんと守ることができないようでは，実社会では生きていけません，つまり卒業・修了する資格はありません。「所定の書式」をきちんと守るということが実社会への出発のトレーニングです。

Q2　何ページ以上書けばよいでしょうか。
A2　作成要領を見なければなりません。作成要領にたとえば「縦位置，横書きで，日本語で作成する場合は，1ページを38文字×30行に設定してください。」「『まえがき又は序章など』，『本文』，『あとがき又は終章など』，『参考文献』の合計ページ数が，日本語で作成する場合は，35ページ以上にしてください。」と書かれてあったとしましょう。このときは，「所定の書式」で，「扉」と「目次」を除いて，35ページ以上書かねばなりません。そのときに問題になるのは図表の取り扱いです。図表はページ数に入るのか否かです。

Q3　図表は枚数に入るのでしょうか。
A3　教務係では，「他の文献の図表の貼り付けはページ数に入りません。自ら作成した図表のみがページ数に入ります。」と指導

されるでしょう。「自ら作成した図表のみ」ということで「他の文献の図表を手書きしよう」ということを考えるかもしれません。しかし，そんな無駄な時間を費やし，不正確な図表を作成することは無意味です。私はゼミ生に，「他の文献の図表を利用したければ，その図表をコピーして貼り付けましょう。そして，その図表はページ数に入らないので，その分だけ本文を書きましょう。」と指導しています。

Q4 章と章は続けるのですか。節と節は続けるのですか。

A4 章が終わり，次の章を書くときには，改ページをしましょう。例えば，第1章が書き終わって，そのページが2行で終わり，大きな空白があるとしても，第2章は次のページから書き始めましょう。節が終わり，次の節を書くときには，2行空けましょう。つまり，例えば，第1章第1節が書き終わって，そのページが2行で終わっているとき，大きな空白を作ることなく，2行だけ空けて，第1章第2節を書きましょう。ページ数を増やすための，不必要な改行，改ページをしてはいけません。不必要な改行，改ページをしていると，「所定の書式」を守っていないとして，論文は受理されないかもしれません。

Q5 ホームページで閲覧し，雑誌，書籍など印刷形態になっていないものは，参考文献にどのように書けばよいのでしょうか。

A5 URLと，できれば閲覧した日付を書くようにしましょう。例えば，

日本銀行総裁記者会見要旨（2013年10月16日）
http://www.boj.or.jp/press/ 13/kk 0510c_f.htm（2014年4月10日閲覧）
です。

Q6 参考文献を読んでまとめたのですが，「まとめ」と「引用」をどのように区別して書けばよいのでしょうか。参考文献自体がよくまとまっているので，これ以上，まとめようと思っても難しく，文章がそのままになってしまうのですが。

A6 卒論・修論の作成はいかにみなさんが既存の研究に価値を付加するかです。例えば，その参考文献の奥付を見て発行年月を確かめましょう。また，図表の出所データの年月を調べましょう。もしそれらが数年前のものであるならば，データの最新版を調べ，そのデータに基づいて図表を新たに作成し，参考文献からの文章を書き直せばよいでしょう。新たに図表を作成すること，新しいデータを踏まえて文章を書き直すことが，卒論・修論作成における付加価値です。

Q7 滝川好夫『ケインズ『貨幣改革論』『貨幣論』『一般理論』』の中に，「『一般理論』は，『世間に対して試験的な性質のものであるとか，容易に変更される可能性をもつとかという感じを与える貨幣政策は，長期利子率を大幅に引き下げる目的に失敗するであろう。』と述べている。」と書かれていたのですが，これを卒論・修論の中で，「『一般理論』は「世間に対して試験的な性質のものである

第4部◆卒論・修論の注意事項と添削例

とか，容易に変更される可能性をもつとかという感じを与える貨幣政策は，長期利子率を大幅に引き下げる目的に失敗するであろう。」と述べている。」と書いてもよいでしようか。

A7 こういうのを滝川の本から，ケインズの話を孫引きしたと言います。滝川がケインズの言葉を正しく引用しているかどうか分かりませんので，卒論・修論を書くときは，ケインズの文献を直接調べる必要があります。

Q8 滝川好夫の本の中に，「容易に変更される可能性のある金融政策は長期利子率を大幅に引き下げる目的に失敗する（ケインズ『一般理論』）」と書かれているのを見て，これを卒論・修論の中で，「ケインズ『一般理論』は容易に変更される可能性のある金融政策は長期利子率を大幅に引き下げる目的に失敗すると論じている。」と書いてもよいでしょうか。

A8 書くのはルール違反です。「容易に変更される可能性のある金融政策は長期利子率を大幅に引き下げる目的に失敗する」という文章は，滝川がケインズ『一般理論』を読んでまとめたものです。これを滝川の名前を出さずに，そしてケインズ『一般理論』を読まずに，「ケインズ『一般理論』は容易に変更される可能性のある金融政策は長期利子率を大幅に引き下げる目的に失敗すると論じている。」と書くことは盗作になります。文章には製作者がいるのです。その製作者に敬意を払って，きちんと名前を出して，書かねばなりません。例えば，「滝川氏は，ケインズ『一般理論』が容易に変更される可能性のある金融政策は長期利子率を大幅に引き下げる目

的に失敗すると論じていることを指摘している。」です。ケインズ『一般理論』を読んでいないのに，それを読んだふりをして，「ケインズ『一般理論』が……と論じている」と書くのはルール違反です。

II　目次の添削例

添削前1

　世界金融危機下における各投資部門の投資行動
要旨
第1章　はじめに
第2章　先行研究
第3章　仮説
第4章　データ
第5章　分析結果
第6章　結論
引用文献
図表

添削1

① 「要旨」，「引用文献」などは「所定の書式」にあっていないかもしれません。「要旨」は卒論・修論のページ数に入りません。「引用文献」は「参考文献」と書き換えるべきです。

② 「先行研究」，「仮説」，「データ」は何についてのものかわかりません。章，節のタイトルはそれを見て，内容を想像できるも

のでなければなりません。例えば,「……についての先行研究」,「……についての仮説」,「……についてのデータ」などと書くべきです。

添削前2

第1章　住宅価格について
   1.1　住宅価格変動の原因
   1.2　住宅価格変動の影響
   1.3　価格指数について

添削2

「1.3　価格指数について」を「1.3　住宅価格指数について」に変えたほうがよいでしょう。章,節のタイトルはそれを見て,内容を想像できるものでなければなりません。

Ⅲ　本文の添削例

添削前1

まずこの論文を書くにあたって,Karolyi［2002］Did the Asian financial crisis scare foreign investors out of Japan?は,

添削1

「まずこの論文を書くにあたって,Karolyi［2002］は,」あるいは,「まずこの論文を書くにあたって,Karolyi［2002］"Did the Asian financial crisis scare foreign investors out of Japan?"は,」とするべきである。英語の論文には" "（ダブルクォーテーション）を

付けなくてはいけません。本であれば，イタリック体で書くか，下線を引かねばなりません。日本語の論文には一重括弧「　」，本には二重括弧『　』をそれぞれ付けなくてはいけません。

> 添削前2

図1ではフローと為替レート

> 添削2

「フロー」は何についてのフローかわかりません。「……フロー」と書くべきです。

> 添削前3

市場型間接金融はいかなる意味で，間接金融と直接金融の中間形態であるべきかにシンジケートローンを中心に考察を行う

> 添削3

「あるべきか」（あるべき姿）と「あるのか」（あるがままの姿）の区別を行わなければなりません。ここでの文脈では，「中間形態であるべきか」を「中間形態であるのか」に変えたほうがよいでしょう。

> 添削前4

比較金融システム論に関する先行研究を基に

> 添削4

「基に」を「もとに」に変えたほうがよいでしょう。ひらがなを使ったほうが，やさしく感じられるからです。ここでは「比較金融

システム論に関する先行研究」を強調したいのであって,「基に」と書くと妙に「基に」が目立つからです。

添削前5

間接金融だけだと何がよくて何が悪いのか,

添削5

ここでは「何がよくて何が悪いのか」を強調しようとしています。強調したい文言は「何がよくてvs.何が悪い」です。強調したいのであれば,対称的にすべきで,「何が良くて何が悪いのか」にしたほうがよいでしょう。

添削前6

シンジケートローンを訳せば協調融資であり,従来から日本の間接金融取引の一形態として存在した。

添削6

過去の話である「存在した」と,現在も続いている「存在している」を区別しましょう。ここでの内容は現在も続いていることであり,そうであれば,「存在した」を「存在している」に変えたほうがよいでしょう。

添削前7

本章では,シンジケートローンの仕組み,シンジケートローン市場の拡大の状況とその要因,そして現在立ち上がりつつあるシンジケートローンの転売(セカンダリー)市場などについて考察いたし

たい。

> 添削7

　卒論・修論（学術論文）の文章はしまりがあったほうがよいでしょう。「考察いたしたい」を「考察する」に変えたほうが文章にしまりが出てきます。

> 添削前8

　金融仲介機関が最終的借手から本源的証券を購入し資金を供与し，最終的貸手へ間接証券を販売し供与資金を得る仕組みになる。

> 添削8

　「本源的証券を購入し資金を供与し」のような「……し……し」という同じ表現は重ならないほうがよいでしょう。「本源的証券を購入し資金を供与し」を「本源的証券を購入することによって資金を供与し」に変えたほうがよいでしょう。

> 添削前9

　社債と異なり，固定金利以外に変動金利での調達も可能。

> 添削9

　「可能」とあるが，「可能である」か「可能でない」かは不明です。その意味で，この文章は不完全です。「調達も可能」を「調達も可能である」に変えたほうがよいでしょう。

第4部◆卒論・修論の注意事項と添削例

添削前10

「リボルビング」とは「回転する」の意味で，一定期間内に借入・返済が自由に行える事を指し，コミットメントライン契約が付されたシンジケートローン。

添削10

この文章は「シンジケートローン」で終わり，完全原稿ではありません。「シンジケートローンのことである」に変えたほうがよいでしょう。また「行える事」を「行えること」に変えたほうがよいでしょう。

Ⅳ　図表の添削例

添削前

図1　4種類の図表の基本形

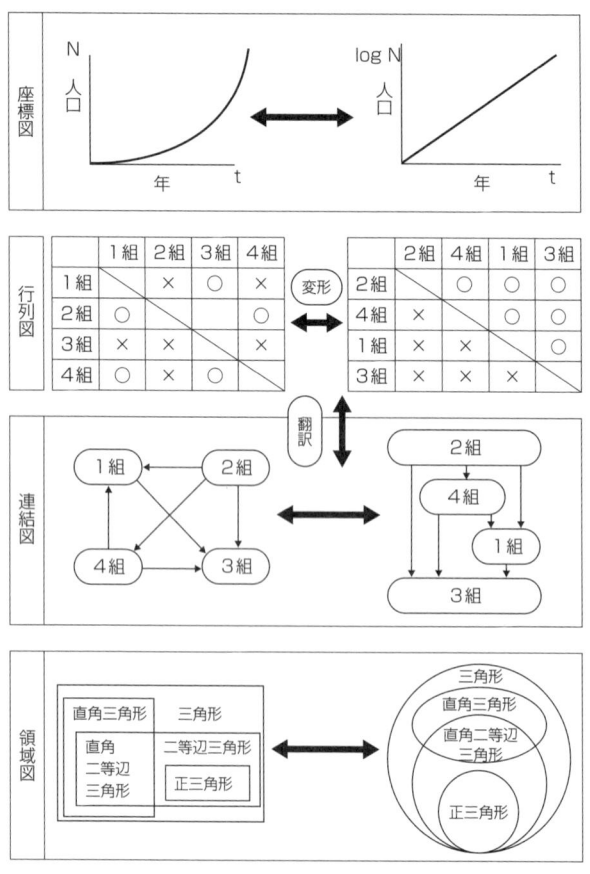

(出所) 海保 [1995] p.69の図5・1より転載

第4部◆卒論・修論の注意事項と添削例

添削

　図表は論文全体の通し番号ではなく，第1章の図表ならば「図1－1」「図1－2」「表1－1」「表1－2」など，第2章の図表ならば「図2－1」「図2－2」「表2－1」「表2－2」などと番号をつけましょう。そして，図表には必ず，「出所」を書かねばなりません。「出所：海保［1995］p.69の図5・1より作成」，「出所：海保［1995］p.69の図5・1より転載」などと書きましょう。

V　参考文献の添削例

添削前1

　滝川好夫　2011　サブプライム金融危機のメカニズム

添削1

　本であれば，二重括弧『　』を付け，出版社名を書かねばなりません。また，最後に「。」を付けなければなりません。つまり，

　滝川好夫『サブプライム金融危機のメカニズム』千倉書房，2011年3月。

　「2011年3月」としていますが，「2011年」と書いてもよいでしょう。

添削前2

　滝川好夫（2001）「リバースモーゲージ制度の理論モデル」235－242頁。

117

添削2

論文のときは，雑誌名，雑誌の巻・号数を書かねばなりません。つまり，

滝川好夫「リバースモーゲージ制度の理論モデル」『生活経済学研究』第16巻，2001年，235－242頁。

です。

添削前3

E. S. Phelps, 1962, The Accumulation of Risky Capital：A Sequential Utility Analysis, Econometrica 29（1962）729－43.

添削3

「E. S. Phelps,」ではなく「Phelps, E. S.,」と書き，アルファベット順Pで参考文献のリストの中に位置づけなくてはいけません。論文については" "を付けねばなりません。雑誌はイタリック体にするか，下線を引かねばなりません。発行年月を書き，ページの頭にpp.を付けなくてはいけません。つまり，

Phelps, E. S., "The Accumulation of Risky Capital：A Sequential Utility Analysis," Econometrica, vol. 29, October 1962, pp. 729－43.

です。

以上，ほんの数例ですが，本書の第1部Ⅶを読んで，参考文献を正しく書くようにしましょう。

◇◆　著者紹介　◆◇

滝川　好夫（たきがわ・よしお）

1953年	兵庫県に生まれる
1978年	神戸大学大学院経済学研究科博士前期課程修了
1980～82年	アメリカ合衆国エール大学大学院
1993～94年	カナダブリティシュ・コロンビア大学客員研究員
現　在	神戸大学大学院経済学研究科教授（金融経済論，金融機構論）

主　著

『現代金融経済論の基本問題－貨幣・信用の作用と銀行の役割－』勁草書房，1997年7月。

『金融に強くなる日経新聞の読み方』ＰＨＰ研究所，2001年7月。

『文系学生のための数学・統計学・資料解釈のテクニック』税務経理協会，2002年6月。

『経済記事の要点がスラスラ読める「経済図表・用語」早わかり』ＰＨＰ文庫，2002年12月。

『ケインズなら日本経済をどう再生する』税務経理協会，2003年6月。

『アピールできるレポート／論文はこう書く－レポートから学術論文まで－』税務経理協会，2004年10月。

『ファイナンス論の楽々問題演習』税務経理協会，2005年4月。

『ファイナンス理論【入門】』ＰＨＰ研究所，2005年7月。

『リレーションシップ・バンキングの経済分析』税務経理協会，2007年2月。

『ミクロ経済学の楽々問題演習』税務経理協会，2007年2月。

『マクロ経済学の楽々問題演習』税務経理協会，2007年2月。

『金融論の楽々問題演習』税務経理協会，2007年4月。

『資本主義はどこへ行くのか　新しい経済学の提唱』ＰＨＰ研究所，2009年2月。

『サブプライム危機　市場と政府はなぜ誤ったのか』ミネルヴァ書房，2010年10月。

『図解雑学　ケインズ経済学』ナツメ社，2010年11月。

『図でやさしく読み解く　ケインズ『貨幣改革論』『貨幣論』『一般理論』』泉文堂，2010年12月。

『サブプライム金融危機のメカニズム』千倉書房，2011年3月。

『学生・院生のための　レポート・論文の作成マニュアル』税務経理協会，2011年11月。

『超超入門　ミクロ経済学＋マクロ経済学』泉文堂，2012年2月。

『大学生協のアイデンティティと役割　協同組合精神が日本を救う』日本経済評論社，2012年7月。

『信用金庫のアイデンティティと役割』千倉書房，2014年4月。

著者との契約により検印省略

平成26年3月20日　初版第1刷発行

卒業論文・修士論文
作成の要点整理
実践マニュアル

著　者　滝　川　好　夫
発行者　大　坪　嘉　春
印刷所　税経印刷株式会社
製本所　株式会社　三森製本所

発行所　〒161-0033　東京都新宿区
　　　　下落合2丁目5番13号

株式会社 税務経理協会

振　替　00190-2-187408
ＦＡＸ　(03)3565-3391
URL　http://www.zeikei.co.jp/
乱丁・落丁の場合は，お取替えいたします。

電話　(03)3953-3301（編集部）
　　　(03)3953-3325（営業部）

© 滝川好夫　2014　　　　　　　　　　　　Printed in Japan

本書を無断で複写複製(コピー)することは，著作権法上の例外を除き，禁じられています。
本書をコピーされる場合は，事前に日本複写権センター(JRRC)の許諾を受けてください。
　　JRRC〈http://www.jrrc.or.jp　eメール：info@jrrc.or.jp　電話：03-3401-2382〉

ISBN978-4-419-06086-2　C3030